연구보고서 2024-50

보건복지정책의 규제영향평가와 정책과제

고숙자
안 영

KOREA INSTITUTE FOR HEALTH AND SOCIAL AFFAIRS

▌연구진

연구책임자　**고숙자**　한국보건사회연구원 연구위원
공동연구진　**안 영**　한국보건사회연구원 전문연구원

연구보고서 2024-50

보건복지정책의 규제영향평가와 정책과제

발 행 일　2024년 12월
발 행 인　강 혜 규
발 행 처　한국보건사회연구원
주　　소　[30147]세종특별자치시 시청대로 370
　　　　　세종국책연구단지 사회정책동(1~5층)
전　　화　대표전화: 044)287-8000
홈페이지　http://www.kihasa.re.kr
등　　록　1999년 4월 27일(제2015-000007호)
인 쇄 처　고려씨엔피

9,000원

ⓒ 한국보건사회연구원 2024
ISBN 979-11-7252-067-0　[93510]
https://doi.org/10.23060/kihasa.a.2024.50

발|간|사

국가 차원에서 정부 규제 수준과 경제에 미치는 영향에 대한 논의가 진행되면서, 혁신적 경제성장을 위하여 규제혁신이 중요한 정책 수단으로 강조되고 있다. 즉, 경제성장이 노동과 자본으로 구성된다고 할 때, 총요소생산성인 조직경영, 기술혁신, 법제도, 규제, 사회자본 중에 규제는 자원배분의 효율성에 영향을 주게 되어 생산성을 증가시키거나 혁신과 투자 등의 경제적 인센티브로 작용하게 된다.

국민의 삶의 질을 향상시키기 위하여 국민의 생명 또는 안전을 위한 규제이거나 또는 복지 사각지대를 해소를 위한 규제와 같이, 꼭 필요한 규제는 유지하거나 강화시켜야 하는 반면에, 새로운 규제의 도입이 불가피한 경우에는 철저한 규제영향분석을 통해 사회적·경제적 영향을 최소화할 필요가 있다. 이와 같이, 규제영향분석은 모든 규제를 도입 또는 개정할 때, 사회적인 편익, 비용, 위험 등을 평가하고, 사회적 약자에 대한 영향 등을 고려하면서 가장 합리적인 정책 수단을 선택하는 과정이라 할 수 있다.

이에 본 연구에서는 주요 국가의 규제영향분석 가이드라인 및 사회보장분야의 적용 사례 검토하고, 우리나라 보건복지정책에서의 규제영향분석 현황을 분석하였다. 그리고 규제영향분석의 정량적 분석이 활성화되지 않고 있어, 규제 영향의 양적·질적 측면을 함께 검토하여 규제영향분석을 시범 사례로 제시하고자 하였다. 이를 통하여 보건복지 정책의 효과성을 높이기 위한 규제영향분석 관련 정책과제를 도출하여 개선 방안을 마련하고자 하였다.

본 보고서는 고숙자 연구위원의 책임 하에 본 원의 안영 전문연구원이 참여하여 작성하였다. 그리고 본 연구를 수행하면서 워크숍과 검독과정에서 귀중한 조언을 해주신 원내외의 평가위원께도 감사의 뜻을 전한다.

끝으로, 본 보고서의 모든 내용은 저자들의 의견이며 본 연구원의 공식적 견해가 아님을 밝혀둔다.

2024년 12월
한국보건사회연구원장 직무대리
강 혜 규

목 차

요 약 ··· 1

제1장 서론 ·· 3
제1절 연구의 필요성 및 목적 ··· 5
제2절 연구 내용 및 방법 ·· 9

제2장 규제영향분석 현황 및 쟁점 ··· 11
제1절 규제의 정의 및 유형 ·· 13
제2절 규제비용관리제의 운영 실적 ·· 18
제3절 규제영향분석 관련 논의 쟁점 ·· 24

제3장 규제영향분석의 해외 사례 ··· 29
제1절 영국의 규제영향분석 ·· 31
제2절 미국의 규제영향분석 ·· 43
제3절 일본의 규제영향평가 ·· 54
제4절 시사점 ·· 69

제4장 보건복지 규제 개선 현황 분석 및 규제영향분석 ············ 71
제1절 보건복지 분야의 규제 개선 현황 ···································· 73
제2절 퇴원환자 지원 사업 관련 정량적 규제영향분석 ············· 90
제3절 건강정보교류에 대한 정성적 규제영향분석 ·················· 108

제5장 정책 과제 ·················· 115

참고문헌 ·················· 123

Abstract ·················· 129

표 목차

〈표 1-1〉 주요 연구 내용 ··· 9
〈표 2-1〉 규제영향분석서의 구성 요소 및 세부 항목 ······························· 21
〈표 2-2〉 규제비용관리제 연도별 운영 실적 추이 ··································· 23
〈표 2-3〉 부처별 규제비용관리제 순비용 변화 추이 ······························· 23
〈표 2-4〉 규제비용관리제 효과성 평가 항목 ·· 27
〈표 3-1〉 QALY와 기대여명의 현재 가치 ·· 47
〈표 3-2〉 QALY와 기대여명의 화폐가치로 전환 ····································· 48
〈표 4-1〉 2021년 규제 개혁 과제 및 추진 실적 ····································· 73
〈표 4-2〉 2022년 규제 개혁 과제 및 추진 실적 ····································· 76
〈표 4-3〉 직접비용 및 간접비용의 범위 ·· 79
〈표 4-4〉 2020년~2023년 폐지·완화된 규제 ·· 80
〈표 4-5〉 2020년~2023년 폐지·완화된 규제 (계속) ······························· 81
〈표 4-6〉 2020년~2023년 폐지·완화된 규제 (계속) ······························· 82
〈표 4-7〉 2020년~2023년 폐지·완화된 규제 (계속) ······························· 83
〈표 4-8〉 2020년~2023년 폐지·완화된 규제 (계속) ······························· 84
〈표 4-9〉 2020년~2023년 폐지·완화된 규제 (계속) ······························· 85
〈표 4-10〉 2020년~2023년 폐지·완화된 규제 (계속) ····························· 86
〈표 4-11〉 2020년~2023년 폐지·완화된 규제 (계속) ····························· 87
〈표 4-12〉 2020년~2023년 폐지·완화된 규제 (계속) ····························· 88
〈표 4-13〉 2020년~2023년 폐지·완화된 규제 (계속) ····························· 89
〈표 4-14〉 보건업 및 사회복지서비스업(86~87) 종사자의 월평균 임금: 2023년 기준 ············ 97
〈표 4-15〉 설립구분별 종별 요양기관 현황: 2023년 기준 ······················ 97
〈표 4-16〉 설립구분별 종별 요양기관 현황: 2023년 기준 ······················ 98
〈표 4-17〉 뇌졸중 환자의 의료전달체계 ·· 101
〈표 4-18〉 뇌경색 환자의 전문재활 청구율 ·· 102
〈표 4-19〉 뇌출혈 환자의 전문재활 청구율 ·· 102
〈표 4-20〉 뇌졸중 환자의 2년간 의료기관 이동 수 ····························· 104
〈표 4-21〉 뇌졸중 환자의 1인당 비용 ·· 104

그림 목차

[그림 1-1] 영국의 규제영향제도 ·· 33
[그림 4-1] 진료정보교류시스템 개요 ·· 108

요약

규제영향평가는 규제가 만들어지고 집행되는 과정뿐만 아니라 결과까지도 포괄하는 것으로, 규제 품질의 과정적 측면에서는 다양한 이해관계자들과의 협의를 거치는 한편, 투명성과 책임성을 갖추고 근거에 기반하여 의사결정을 해나가는 것을 의미한다. 규제는 시장 운용의 원리를 보완하는 역할을 수행하며, 경제·사회·환경에 미치는 영향이 크기 때문에, 잘못 설계된 규제는 사회경제적 비용을 증가시키고 국민의 복지후생을 감소시킬 수 있다. 그러므로 새로운 서비스를 제공하기 위하여 규제 개선에 따른 성과관리 체계를 마련하는 것이 필요하다.

이에 본 연구에서는 주요 국가의 규제영향분석 가이드라인 및 보건·사회보장 분야에 적용된 사례를 검토하고, 우리나라 보건복지정책에서의 규제영향분석 현황을 검토하였다. 퇴원환자 지원사업을 중심으로 한 정량적 규제영향분석을 수행하였고, 건강정보교류에 대한 정성적 규제영향분석을 시범 사례로 제시하였다. 마지막으로 보건복지정책의 효과성을 높이기 위한 규제영향분석 관련 정책과제를 도출하여 개선 방안을 마련하고자 하였다.

비용과 효과에 관한 정확한 분석은 정부가 지속적인 발전을 실현하기 위해서도 필수 불가결하다. 그럼에도 불구하고 편익과 비용이 금전 가치화되는 것은 매우 어려운 과정이기 때문에 현재까지도 규제영향분석에서 많이 적용되고 있지 못한 영역이기도 하다.

규제영향분석을 수행할 경우에 객관적인 근거에 기반하여 정량적으로 분석하기 위해서는 비용 또는 효과 분석에 대한 근거자료가 필요한데, 이를 위해서 일선의 담당자들이 관련 자료를 확보하기 위해 많은 노력과 시간을 투입하고 있는 실정이다. 우리나라의 규제영향분석을 위한 지침에서는 규제의 비용과 편익을 측정하기 위한 지표를 선정하고 이를 산출하기 위한 예시를 제안하고 있다. 또한 지표 값을 화폐단위로 환산하여 비용과 편익을 비교할 수 있도록 제안하고 있다. 그러나 모든 비용과 편익을 화폐단위로 환산하여 산출할 수 있는 것은 아니다. 이와 같이 화폐단위로 환산하기 어려운 경우에는 규제영향분석의 양적, 질적 측면을 모두 고려하여 규제에 대한 영향을 다양한 측면에서 제시하며, 보다 많은 정보를 포함하도록 지침을 보완할 필요가 있다.

그리고 규제영향분석에서 활용되는 비용편익분석을 보다 정교화하기 위해서는 현재와 미래의 비용 및 편익, 그리고 규제가 세대 간에 미치는 영향 등을 포괄적으로 고려할 필요가 있다. 현재의 규제영향분석은 사전 규제영향분석을 중심으로 수행되고 있으나, 사전분석의 경우 데이터 등의 문제로 정량화하기 어렵다고 한다면, 사후 규제영향분석을 통하여 주기적으로 규제에 대한 영향분석을 수행하고, 이렇게 분석한 결과인 정량적 기준에 기반하여 규제 개선을 위한 규제의 수명주기 구조를 마련할 필요가 있을 것이다.

주요 용어: 규제영향분석, 규제비용, 규제편익, 규제영향평가, 비용편익분석

제1장

서론

제1절 연구의 필요성 및 목적
제2절 연구 내용 및 방법

제1장 서론

제1절 연구의 필요성 및 목적

국가 차원에서 정부의 규제 수준과 경제에 미치는 영향에 대한 논의가 진행되면서, 정부 규제 수준은 국가 경쟁력 수준을 의미하는 것으로 확대되고 있으며, 혁신적 경제성장을 위하여 규제 혁신이 중요한 정책 수단으로 강조되고 있다(고숙자 외, 2024: 3). 다시 말해서 경제성장이 노동과 자본으로 구성된다고 할 때, 총요소생산성인 조직경영, 기술혁신, 법제도, 규제, 사회자본 중에서 규제는 자원배분의 효율성에 영향을 주게 되어 생산성을 증가시키거나 혁신과 투자 등의 경제적 인센티브로 작용하게 된다.

OECD는 '정부의 질적 규제를 향상시키기 위한 OECD 위원회의 권고사항(Recommendation of the Council of the OECD on Improving the Quality of Government Regulation)'을 발표하면서, OECD 국가에게 규제 개혁을 위한 추진 방안을 다음과 같이 제안하였다(OECD, 1995). 1단계는 규제 완화(deregulation)의 단계로, 행정절차 간소화, 규제 순응 비용 감소 등을 제안하고 있으며, 2단계는 규제 품질관리(better regulation)의 단계로, 단순히 규제를 감축하는 것보다는 질 높은 규제로 대체하는 활동을 강조한다. 그리고 3단계는 규제 관리(regulatory management)의 단계로, 개별 규제의 효과가 아닌 정부 전체의 총규제 효과 및 규제 체계의 효율성을 강조한다.

과거에는 일시적으로 기존에 존재하고 있던 규제를 정비하는 활동을 중심으로, 과도하고 불합리한 규제를 개선하는 데 초점을 두었으나, 최근에는 실질적인 규제 개선의 한계점이 지적되면서 시스템적으로 기존 규제를 정비하고 신규로 도입되는 규제를 관리하기 위한 제도의 도입이 필요하다는 측면이 강조되었다(고숙자 외, 2024: 4).

이에, 보건복지 분야에서도 규제 혁신 과제를 발굴하고 추진 상황을 수시로 점검하고 있으며, 일선 보건복지 현장에서 불합리한 규제, 애로사항 등을 논의하여 반영하고 있다(보건복지부, 2023). 보건복지부는 규제 혁신을 위해 2023년도에 사회복지정책 19건, 인구정책 24건, 보건의료정책 27건에 대한 보건복지 규제 혁신 과제를 완료하였다고 보고하였다(보건복지부, 2023). 예를 들어, 기초생활보장 재산 기준 개선, 성인 발달장애인 주간활동서비스 활동지원 차감제도 폐지, 장애인보조기기 대여 연장 횟수 제한 완화 등을 추진하였다.

규제(regulation)와 제도(institution)는 상호보완적인 관계로 정책의 효율성을 증가시킬 수 있으나, 각각의 목적이 상충하는 측면이 있을 수 있으므로 효율성 측면과 공공성 측면을 함께 고려할 필요가 있다. 즉, 국민의 삶의 질을 향상시키기 위하여, 국민의 생명 또는 안전을 위한 규제이거나 또는 복지 사각지대 해소를 위한 규제와 같이, 꼭 필요한 규제는 유지하거나 강화시켜야 하는 반면에, 새로운 규제의 도입이 불가피한 경우에는 철저한 규제영향분석을 통해 사회적·경제적 영향을 최소화할 필요가 있다(고숙자 외, 2024: 5). 이와 같이, 규제영향분석은 모든 규제를 도입 또는 개정할 때, 사회적인 편익, 비용, 위험 등을 평가하고, 규제로 인한 피해 계층에 대한 영향을 고려하면서 가장 합리적인 정책 수단을 선택하는 과정이라 할 수 있다.

OECD에서는 정부의 규제가 사회 전반에 미치는 영향을 주목하고, 정부 규제의 품질을 관리하기 위해 체계적인 관리시스템을 구축할 것을 권고하였는데, 그 관리시스템의 주요 요소 중 하나가 규제영향평가이다 (OECD, 2015). 규제에 대한 영향분석은 현재 정부가 수행하고 있는 규제에 대하여 비용과 편익 분석의 목적으로 수행되고 있으며, 사업의 타당성을 판단하거나 규제의 품질관리를 위한 규제심사 등 정부 규제와 관련한 정책을 지원하기 위한 근거자료로 활용하고 있다(OECD, 2015). 이뿐만 아니라, 규제영향분석은 기업에게 발생하는 직접적인 규제 비용 및 규제 부담에 대한 관리 도구로 활용되고 있다(국무조정실, 2017).

이와 같이 규제영향평가는 규제가 만들어지고 집행되는 과정뿐만 아니라 결과(outcome)까지도 포괄하는 것으로, 규제 품질의 과정적 측면에서는 다양한 이해관계자들과의 협의를 거치는 한편, 투명성과 책임성을 갖추고 근거에 기반하여 의사결정을 해나가는 것을 의미한다(국무조정실, 2023). 그러나 규제영향평가는 정부 규제의 의사결정을 위한 중요한 기전이지만, 분석의 대상이 되는 영향집단과 영향집단별 비용이나 편익 등이 포괄적이고 종합적으로 평가되지 못하였다(국무조정실, 2017).

이러한 배경에 따라 우리나라는 2014년에 시범사업을 거쳐 2016년부터 규제비용관리제가 도입되었다. 「국민부담경감을 위한 행정규제 업무처리 지침」(국무총리 훈령 제669호)에 근거하여 2016년 7월부터 규제비용관리제가 도입·운영되었다. 2014년 7월부터 8개 부처(문체부, 농식품부, 산업부, 환경부, 국토부, 해수부, 산림청, 중기청)를 대상으로 '규제비용총량제'라는 명칭으로 시범사업을 실시하였고(이민호 외, 2021), 2016년 7월에 모든 부처에 확대 적용하면서 '규제비용관리제'로 명칭을 변경하였다. 이는 다시 2022년 7월에 '규제비용감축제'로 변경되어 운영되고 있다.

'규제비용감축제'는 법인·단체 또는 개인의 사업활동에 비용 부담을 초래하는 규제를 신설·강화하는 경우, 해당 규제 비용에 상응하는 수준 이상의 기존 규제를 정비함으로써 국민의 규제 비용 부담을 경감하는 제도이다(국무조정실, 2023).

일반적으로 규제란 사회질서의 유지, 국민의 생명·재산의 안전 유지, 환경보전, 소비자 보호 등 일정한 목적을 달성하기 위한 수단이지만, 다른 한편으로는 국민에게 권리의 제한이나 의무를 부과한다. 또한 규제를 준수하기 위한 비용은 일종의 행정 비용 측면으로 볼 수 있다. 예산이 필요하지 않기 때문에 비용을 부과한다는 생각이 희박해질 수 있으나, 사회의 관점으로 보면, 예산 조치뿐만 아니라 국민의 비용 부담으로 작용한다. 이 때문에 규제를 신설 또는 개선, 폐지할 때에는 필요 이상으로 국민의 권리를 제한하거나 의무가 부과되지 않았는지 확인할 필요가 있다.

국민 생활의 편의를 도모하기 위한 목적이나 바이오헬스 같은 신산업을 창출하기 위한 목적으로 기존 규제를 폐지·완화할 경우, 정확한 규제 비용·편익 분석이 필요하다. 또한 규제 완화·폐지에 따른 규제 비용 절감 및 편익을 화폐단위로 계량화할 때는 보다 정확하게 산출할 필요가 있다.

규제는 시장 운용의 원리를 보완하는 역할을 수행하며, 경제·사회·환경에 미치는 영향이 크기 때문에, 잘못 설계된 규제는 사회경제적 비용을 증가시키고 국민의 복지후생을 감소시킬 수 있다. 따라서 새로운 서비스를 제공하기 위해서는 규제 개선에 따른 성과관리 체계를 마련할 필요가 있다.

제2절 연구 내용 및 방법

　이에 본 연구에서는 우선 국내외 규제영향분석 사례를 제시하였다. 주요 국가의 규제영향분석 가이드라인 및 사회보장 분야에 적용된 사례 검토하고, 우리나라 보건복지정책에서의 규제영향분석 현황을 분석하였다. 이를 토대로 우리나라의 퇴원환자 지원사업을 중심으로 한 정량적 규제영향분석과 건강정보교류에 대한 정성적 규제영향분석을 시범 사례로 제시하였다.
　마지막으로 보건복지정책의 효과성을 높이기 위한 규제영향분석 관련 정책과제를 도출하여 개선 방안을 마련하고자 하였다.

〈표 1-1〉 주요 연구 내용

구분	내용
연구 목적	· 규제영향분석 관련 사례 검토 · 보건복지정책의 규제영향분석 제시
제도 쟁점	· 규제영향분석 제도의 현안 및 쟁점 사항 검토 · 규제비용감축제의 현안 및 쟁점 사항 검토
해외 사례	· 규제영향분석 해외 사례 · 영국, 미국, 일본을 중심으로 고찰, 시사점 도출
현황분석 규제영향 분석	· 보건복지 분야의 규제영향분석 및 규제 비용 감축 사례 고찰 · 규제영향분석의 정량적 사례: 퇴원환자 지원사업 · 규제영향분석의 정성적 사례: 건강정보교류
정책과제	· 규제 개선과 성과관리를 위한 규제영향분석 관련 정책과제 도출

제2장

규제영향분석 현황 및 쟁점

제1절 규제의 정의 및 유형
제2절 규제비용관리제의 운영 실적
제3절 규제영향분석 관련 논의 쟁점

제2장 규제영향분석 현황 및 쟁점

제1절 규제의 정의 및 유형[1]

1. 규제의 정의

'규제(regulation)'는 국제적으로 합의된 단일한 정의가 있는 것이 아니지만, 국가별 규제 체계에 따라 그 의미가 정치적, 법적, 경제적 관점에서 다양하게 정의된다(초성운 외, 2015). 규제는 일반적으로 국가와 지방자치단체가 기업 또는 국민의 활동에 대해 특정한 정책 목적을 달성하도록 개입하는 수단이라고 정의할 수 있다. 그러나 국제적으로 규제에 대하여 논의되는 일반화된 프레임워크(관점)는 다음 두 가지로 크게 구분할 수 있다(초성운 외, 2015).

첫 번째 관점에 의하면, 규제의 주요 목적은 규율을 제정하고 이를 통하여 경제사회적 목표를 추구하는 것이다(McGowan & Wallace; 1996; 초성운 외, 2015 재인용). 두 번째 관점에 의하면, 규제는 시장실패가 발생할 경우 이를 교정할 목적으로 실행하는 것으로, 규제자는 시장의 기능을 보완 또는 개선하기 위한 경우에만 시장에 개입하게 된다.

좀 더 포괄적인 관점이 두 번째 관점이라 할 수 있다. 이에 따르면 시장실패에 대응하기 위한 규제 수단이 합법적일 뿐 아니라, 소득 재분배를

---

[1] 본 절은 초성운 외. (2015). 규제비용총량제 도입을 위한 비용분석 방안 연구. 방송통신위원회, 정보통신정책연구원을 참조하여 재구성하였음.

위한 규제 수단도 정당화될 수 있으므로, 첫 번째 관점보다는 정부의 시장에 대한 개입 범위 또는 개입 강도가 더욱 높다고 할 수 있다.

2. 규제 완화와 민영화의 연관성

규제 완화와 민영화에 대한 이론적인 검토가 충분히 되고 있지는 않다. 규제 완화는 기업 또는 산업을 대상으로 경제적인 통제력을 폐지하거나 완화하는 것으로 정의하기도 한다. 공적 규제의 완화나 폐지에 대해 경제적 측면에서 보면, 규제의 근거는 불변이 아니며 경제 환경의 변화에 따라 항상 달라질 수 있다는 것이다. 예를 들어, 기술혁신의 발전으로 지금까지 자연독점이 성립한 필요성 및 근거가 소멸되는 사례를 볼 수 있다. 또한 소비자의 인식 및 선호체계의 변화, 세계화 등에 따라 기존의 규제에 대한 재검토가 강조된다.

시대의 요구에 맞지 않는 규제는 유지되기 어려우며, 높은 경제적 비용을 발생시킨다. 필요 이상으로 진입 규제, 가격 규제가 있다면, 기업에 초과 이윤이 발생하고 이를 지속시키기 위한 비생산적 활동(렌트 추구)이 증가하게 될 수 있다. 이러한 경우, 민간 부문의 창의성 및 생산성을 저해하여 결국은 비용이 소비자에게 전가될 수 있다.

공적 규제 자체는 환경변화에 유연하게 대응할 수 있는 메커니즘을 지니고 있지 않다. 이는 반대로 말하면 공적 규제는 한번 성립하면 지속되는 경향이 있어 불필요한 규제로 유지될 가능성이 높다. 이런 점을 고려하면 규제 완화를 위해서는 사회경제적 환경변화에 신속하고 유연하게 대응하도록 공적 규제가 구성될 필요가 있다. 이를 위해 재규제 또는 규제 개혁도 규제 완화의 범주로 포함하여 해석하기도 한다.

민영화는 공기업이 민간에게 경영을 이전시키는 것을 말하는데, 공기업이 무엇인가라는 정의가 명확하지는 않지만, 일반적으로는 공공재가 정부에 의해 공급되고 준공공재는 공기업에 의해 공급된다는 측면에서 공기업을 정의하고 있다. 공기업은 공공성과 기업성을 결합한 것으로 정의하고, 공공성의 조건으로 공적 소유를 의미하며, 정부가 재정을 지원하는 것으로 보고 있다.

민영화는 1980년대 이후 세계 각국에서 실시한 경제정책이며, 민영화의 정책적 함의는 다양하다. 좁은 의미에서 민영화는 공적 소유에서 사적 소유로 산업으로서의 지위를 변경하는 것, 즉 국유화를 해제하는 것을 의미한다. 좀 더 넓은 의미에서는 시장의 힘이 확대되는 산업의 성과를 개선하여 참여 자유화, 경쟁 도입 및 강화를 위한 규제 완화 등의 정책을 포함하는 개념이라 할 수 있다. 이보다 더 포괄적인 의미에서 민영화는 단순히 기업 또는 산업 분야에 국한되지 않고 보건의료, 교육 등과 같은 복지국가 서비스 전반의 일부가 민간으로 양도되는 것으로도 볼 수 있다. 국가에 의해 집합적으로 공급되는 인적, 사회적 복지국가의 다양한 서비스 부문이 민간에 위탁되어 민간 공급 증대를 의미하는 경우로 확대되는 경우도 있다. 국가의 서비스 공급이 민간에 의해 전부 대체되는 경우도 있지만, 일반적으로 서비스 공급을 위해서 지속적으로 공공지출이 이루어지고, 계약을 위한 입찰을 통해 경쟁과 효율성이 관료성을 대체하게 된다.

규제 완화는 규제의 폐지 또는 축소를 통하여 시장의 경쟁을 향상시키고 생산성을 증대시킬 수는 있지만, 규제 완화가 반드시 효율적이고 효과적인 경쟁 환경을 조성하거나 민영화로 이어지지는 않는다. 규제 완화는 서비스 이용 범위를 제한하는 결과를 불러올 수 있으며, 또한 경제주체 간의 소득 배분이 오히려 악화되는 결과를 낳을 수도 있으므로, 민영화와 규제 완화가 직접적인 연관성을 지니고 있다고는 볼 수 없다(초성운, 2015: 41-42).

3. 규제의 유형

규제 수단의 유형이 국가별로 다양하게 존재하며, 이는 국가별로 각 규제 수단의 특수성 및 상대적 중요성에 대한 평가가 상이하기 때문이다.

예컨대, 영국의 규제 체계를 규제 사안별로 유형화하여 구분하면, 크게 사회적 규제(social regulation)와 경제적 규제(economic regulation)로 구분된다. 여기에서 사회적 규제는 주로 정보의 결함 및 비대칭성, 외부효과의 교정을 목적으로 하는 반면, 경제적 규제는 자연독점 규제를 목적으로 한다. 경제적 규제는 시장 진입 또는 시장 퇴출 등 시장 활동에 관한 결정에 직접 개입하는 것이라 할 수 있다. 반면에 사회적 규제는 소비자와 노동자의 안전, 건강, 환경, 재해방지 등 공공의 이익과 소비자나 사회적 약자의 이익을 보호하는 것이다.

이러한 규제는 시장실패와 정부실패에 대한 대응으로 설명된다. 시장은 불완전 경쟁, 정보의 비대칭성, 자연독점, 외부 불경제, 비가치재 등의 시장실패가 발생하기 때문에 정부는 법적 권한에 근거하여 경제주체의 행동을 제한하는 행위가 필요하게 된다. 그러나 정부에 의한 시장 규제가 너무 강하게 되어 기업 간 경쟁이 제한된다면, 외국과 비교해서 가격이 높게 설정될 수 있다. 따라서 정부의 규제가 과도하면 시장에 또 다른 폐해가 발생할 수 있다. 다만, 공적 규제는 경제적 규제와 사회적 규제 모두에서 이루어지고 있기 때문에 어느 쪽으로 구분하기는 어렵다.

독일의 규제 체계는 경제활동에 대한 통제(controlling), 유도(directing), 기획(planning) 및 지원(supporting)이라는 규제의 기능에 근거한다.

개입의 강도 또는 경제행위에 대한 제한성을 기준으로 볼 경우, 규제 수단은 크게 경제적 유인 규제(economic incentive controls), 행위 규제(behavioral controls), 경제활동에 대한 직접 규제(direct restriction) 3가지 유형으로 구분할 수 있다.

4. 규제 분석의 필요성 및 경제적 효과

정책을 결정하는 과정에서 비용 대비 효과 등의 규제를 평가함으로써 정책에 따른 부작용을 예방할 수 있다. 첫째, 규제는 정부 부처의 내부 관계자뿐 아니라 그 부처의 이해관계자 모두를 포함하여 실시된다. 이러한 부처의 규제는 공익이 아닌 해당 이해관계자의 이익을 반영할 우려가 있다. 따라서 규제당국은 일정한 거리를 두고 있는 규제 평가를 수행하고, 필요에 따라 평가를 수행한다.

둘째, 근거 기반 정책을 도입하는 것은 매우 타당하며, 규제의 경우에도 과학적 방법에 의해 뒷받침된 근거로 정책을 도입 또는 개정하는 것이 바람직하다. 경제적 효과분석 같은 과학적 분석 방법을 활용하여 양질의 규제가 수립 또는 유지될 수 있도록 평가한다는 측면에서 의미가 있다.

규제와 제도는 당시의 경제 상황하에서 국민의 삶의 질을 제고하고 경제 발전 등의 정책 목표를 실현하기 위해 수립되어 왔다. 그러나 경제사회적 환경이 변화하기 때문에 기존에 수립된 규제 및 제도의 재검토가 필요해진다. 이러한 규제 개선을 통해 수요자가 얻게 되는 경제적 편익은 다음과 같이 고려해 볼 수 있다.

우선, 사업자의 신규 진입이나 창업으로 경제의 활성화에 영향을 준다. 신규 참여와 경쟁 활성화로 기업의 기술혁신, 신시장 창출 등의 역할을 하게 된다.

가격 탄력성과 감축에 의해 이용자의 편익이 증가된다. 규제 개선으로 기업 간 경쟁이 촉진되며 가격이 탄력적으로 감소하게 되어 수요자에게 직접적인 편익으로 작용하게 된다.

　공급의 다양화와 수요 증가의 효과가 있다. 제품이나 서비스의 질이 향상되고 판매 품목이 증가하여 선택의 다양화 같은 편익이 발생할 수 있다. 또한 제품과 서비스의 질이 향상되고 선택이 다양화되어 지금까지 실현되지 않았던 수요가 증가할 수 있다. 가격이 낮아지면 처분가능소득의 증가로 추가 수요가 발생할 수 있으므로 다른 제품이나 서비스에 대한 수요 증가를 유발할 수 있다. 이러한 수요 증가는 규모의 경제가 발생하여 가격이 더욱 감소하는 데 영향을 미칠 수 있다.

　네트워크의 외부성에 의한 효율이 개선되고 사용자 편익도 향상된다. 그리고 허가 등과 관련한 행정절차가 간소화되어 이용자의 절차 과정에서 발생하게 되는 금전적·시간적 비용을 경감할 수 있다. 마지막으로 다양한 정보를 투명하게 제공함으로써 정보 비용이 낮아져 소비자의 탐색 비용이 절감될 수 있다.

　이와 같은 규제 개선에 따른 경제적 효과는 가격 하락 또는 수요곡선 이동, 시장 규모 확대, 수요의 가격 탄력성 등으로 인한 소비자 잉여가 발생하게 된다.

제2절 규제비용관리제의 운영 실적

1. 규제영향분석의 법률적 근거

　우리나라에서 규제영향분석 제도의 도입은 1998년 「행정규제기본법」의 시행으로 시작하였다(안혁근, 2014). 규제영향분석서의 작성 대상은 원칙적으로 신설·강화되는 규제를 대상으로 하였다(안혁근, 2014). "중앙행정기관의 장은 규제를 신설하거나 강화(규제의 존속 기한 연장을 포함한다. 이하 같다)하려면 다음 각 호의 사항을 종합적으로 고려하여 규제영향분석을 하고 규제영향분석서를 작성하여야 한다"(행정규제기본법 제7조 ①항).

행정규제기본법 시행령 제2조(행정규제의 범위 등)

① 법 제2조 제2항에 따른 행정규제(이하 "규제"라 한다)의 구체적 범위는 다음 각 호의 어느 하나에 해당하는 사항으로서 **법령 등 또는 조례·규칙에 규정되는 사항**으로 한다.
 1. 허가·인가·특허·면허·승인·지정·인정·시험·검사·검정·확인·증명 등 일정한 요건과 기준을 정하여 놓고 행정기관이 국민으로부터 신청을 받아 처리하는 행정처분 또는 이와 유사한 사항
 2. 허가취소·영업정지·등록말소·시정명령·확인·조사·단속 등 행정의무의 이행을 확보하기 위하여 행정기관이 행하는 행정처분 또는 감독에 관한 사항
 3. 고용의무·신고의무·등록의무·보고의무·공급의무·출자금지·명의대여금지 그 밖에 영업 등과 관련하여 일정한 작위의무 또는 부작위의무를 부과하는 사항
 4. 그 밖에 국민의 권리를 제한하거나 의무를 부과하는 행정행위(사실행위를 포함한다)에 관한 사항

② 법 제2조 제1항 제2호 및 법 제4조 제2항 단서에서 **"고시 등"이라 함은 훈령·예규·고시 및 공고**를 말한다.

규제영향분석서 작성과 관련한 지침은 규제심사위원회를 구성하여 규제영향분석서의 작성 지침을 수립하고, 중앙행정기관의 장에 통보하도록 하고 있다. "위원회는 법 제7조 제1항의 규정에 의한 규제영향분석서의 작성 지침을 수립하여 중앙행정기관의 장에게 통보하여야 한다. 이를 변경한 경우에도 또한 같다"(행정규제기본법 시행령 제6조 ④항).

규제영향분석의 방법·절차와 규제영향분석서의 작성 지침 및 공표 방법, 자체 규제심사위원회의 구성, 자체 심사의 기준 및 절차 등에 관하여 필요한 사항은 대통령령으로 정한다(행정규제기본법 제7조 ④항).

각 부처는 「규제영향분석서 작성지침」에 따라 규제의 필요성, 규제 대안 검토 및 비용·편익 분석과 비교, 규제 내용의 적정성 및 실효성의 3개 평가 항목과 7개 평가 요소에 대해 규제영향분석서를 작성한다(안혁근, 2014).

규제영향분석 결과를 기초로 규제 타당성에 대한 자체 심사를 수행하고, 자체 규제심사위원회의 심의를 거쳐 중요 규제 및 비중요 규제로 구분한 후, 중요 규제의 경우 규제심사위원회의 심사를 진행하게 된다(안혁근, 2014). "중앙행정기관의 장은 제1항에 따른 규제영향분석의 결과를 기초로 규제의 대상·범위·방법 등을 정하고 자체 규제심사위원회의 심의를 거쳐 그 타당성에 대하여 자체 심사를 하여야 한다. 이 경우 관계 전문가 등의 의견을 충분히 수렴하여 심사에 반영하여야 한다"(행정규제기본법 제7조 ③항).

규제영향분석서는 규제 개요, 규제의 필요성 및 대안 선택, 규제의 적정성, 규제의 실효성, 추진계획 및 종합 결론으로 구성되며, 세부적인 항목은 아래의 표와 같다(국무조정실, 규제개혁위원회, 2023).

⟨표 2-1⟩ 규제영향분석서의 구성 요소 및 세부 항목

구성 요소	세부 항목	주요 내용
규제 개요 (표지)	① 규제 사무명	규제의 내용을 나타내는 사무의 명칭
	② 규제 조문	규제가 근거하고 있는 법령이나 고시 등의 명칭과 조항
	③ 위임법령	규제의 근거가 되는 상위 위임법령 등의 명칭과 조항
	④ 유형	신설/강화
	⑤ 입법예고	입법예고 기간
	⑥ 추진 배경 및 정부 개입의 필요성	규제의 신설이나 강화를 통해 해결하려고 하는 문제가 대두된 사회·경제적 배경이나 경위
	⑦ 규제 내용	규제 사무의 구체적인 내용을 요약
	⑧ 피규제 집단 및 이해관계자	규제의 직접적인 대상이 되는 피규제자를 비롯하여 이해관계자 및 관련 기관 ※ 중소기업의 피규제자 해당 여부 명시
	⑨ 도입 목표 및 기대효과	규제의 도입을 통해 달성하고자 하는 목표 및 기대효과
	⑩ 비용·편익분석	규제의 계량적 비용·편익분석 요약표
	⑪ 영향평가 여부	기술·경쟁·중소기업영향평가 시행 여부
	⑫ 일몰 설정 여부 등	규제 존속 기한 및 재검토 기한 설정 여부, 사유 등
	⑬ 우선허용·사후규제 적용 여부	우선허용·사후 규제의 포괄적 네거티브로 전환 여부
	⑭ 비용감축제	규제비용감축제 적용 여부 • 피규제기업·소상공인의 사업 활동에 유발되는 직접순비용
	⑮ 규제정비계획	규제 신설·강화로 발생하는 부담 상쇄를 위한 기존 규제 정비 계획
Ⅰ. 규제의 필요성 및 대안 선택	① 추진 배경 및 정부 개입 필요성	규제의 신설이나 강화를 통해 해결하려고 하는 문제가 대두된 사회·경제적 배경과 관련된 현황자료, 경위 등을 서술 • 정부의 규제를 통해 해결해야 할 만큼 사회문제가 중대하고, 문제 해결을 위해 시급히 규제가 도입되어야 하는지 등 정부의 개입이 반드시 필요한지 검토
	② 규제 대안 검토 및 선택	대안의 비교 - 복수의 규제 대안 제시 및 대안의 비교표(규제 대안별 장·단점) • 이해관계자 의견수렴 - 대안 비교 시 고려된 이해관계자 의견수렴 내용 및 조치 결과 • 대안의 선택 및 근거 - 선택된 대안의 내용과 선택하게 된 상세 근거
	③ 규제의 목표	선택 대안(규제)의 도입으로 달성하고자 하는 미래의 상태

구성 요소	세부 항목	주요 내용
Ⅱ. 규제의 적정성	① 목적·수단 간 비례적 타당성	규제 수단이 규제 목적을 실현하는 데 필요한 최소한의 범위 내에서 규정하였는지 검토
	② 영향평가 필요성 등 고려 사항	영향평가 - 기술영향평가: 기술 기준(기술 규정)이나 시험·검사·인증 등과 관련된 법령 등의 제·개정 시 기존·유사 제도와의 중복성 및 국가표준(KS 등), 국제기준과의 부합 여부 등 검토 - 경쟁영향평가: 도입 대상 규제가 경쟁에 어떠한 영향을 미치는지 분석·평가 - 중소기업영향평가: 도입 대상 규제가 중소기업의 경영 및 기업 활동에 영향을 미치는지 분석·평가 - 중소기업 규제 차등화 방안 등 예비분석 결과표 작성 * 소상공인, 소기업 등 규제 부담 경감을 위한 규제 차등화 예비분석 및 방안 등 • 기타 고려 사항 - 시장 유인적 설계, 일몰 설정 여부, 우선허용·사후규제의 포괄적 네거티브로 전환 여부
	③ 해외 및 유사 입법 사례	• 규제의 적정성 관련 국제기준, 해외 선진국 사례 등을 제시하여 국제적 기준에서 판단한 근거 제시 • 국내 법령 중 유사 타법 사례를 조사하여 비교함으로써 규제 수준 및 품질 등 판단 근거 제시
	④ 비용·편익 분석	도입하고자 하는 선택된 규제 대안의 비용과 편익의 분석 결과
Ⅲ. 규제의 실효성	① 규제의 순응도	피규제자 준수 가능성: 피규제자의 현실적 규제 준수 가능성
	② 규제의 집행 가능성	규제의 집행 가능성 - 행정적 집행 가능성: 조직·인력 및 일선 공무원들의 현실 등 정부·지방자치단체의 규제 집행을 위한 관리·감독 여건 검토 - 재정적 집행 가능성: 정부기관·지방자치단체의 규제집행 예산 사항을 고려하였는지 검토
Ⅳ. 추진계획 및 종합 결론	① 추진 경과	규제 도입을 위한 내부 검토 및 이해관계자 의견수렴 등 추진 경과 기술
	② 향후 평가계획	정책지표, 규제준수율 등 구체적 목표 제시 후 사후관리 계획 제시
	③ 규제정비계획	규제 신설·강화로 발생하는 국민 부담을 상쇄하기 위한 규제 정비 추진 사항 또는 계획 제시
	④ 종합 결론	규제영향분석서 내용의 종합 결론

출처: "규제영향분석서 작성지침," 국무조정실, 2023, pp. 17-18. 재인용.

연도별 규제비용관리제 운영 실적을 보면, 2016년 7월부터 전 부처에 확대 도입된 후, 매년 규제 순비용의 감축을 달성한 것으로 보인다.

⟨표 2-2⟩ 규제비용관리제 연도별 운영 실적 추이

(단위: 건, 백만 원)

연도	건수	순비용	누계
2016	79	-558,666	-558,666
2017	141	-202,243	-760,909
2018	122	-18,455	-780,803
2019	119	-71,258	-853,330
2020		-192,912	-1,046,251

출처: 규제개혁백서 각 연도; "규제비용관리제 개선방안," 이민호 외, 2021, p. 29. 재인용.

부처별로는 산림청, 행정안전부, 관세청, 특허청, 국가보훈처의 경우에 규제 비용 감축을 100% 달성한 것으로 파악된다(이민호 외, 2021). 이와는 달리 교육부와 고용노동부, 문화체육관광부 등은 연도 내 규제 비용 감축 목표치를 달성하지 못한 것으로 파악되며, 부처별로 달성 수준에 편차를 보이고 있다(이민호 외, 2021).

⟨표 2-3⟩ 부처별 규제비용관리제 순비용 변화 추이

(단위: 백만 원)

구분	2016	2017	2018	2019	2020	합계
총합계	-558,666	-202,243	-18,455	-71,258	-192,912	-1,043,534
국토교통부	-147,024	-181,496	16,125	3,350	-97,938	-406,983
농림축산식품부	-374,989	-4,090	-15,721	-3,217	1,624	-396,393
방송통신위원회	-1,229	0	1,176	-37,562	-58,495	-96,110
산업통상자원부	-9,078	898	-6,942	-43,487	-13,734	-72,343
산림청	-14,189	-30,543	-2,960	-176	-2,349	-50,217
⟨중간 생략⟩						
식품의약품안전처	-698	2,483	-7,175	-5,126	-8,182	-18,698
⟨중간 생략⟩						
문화체육관광부	823	823	0	2,443	90	4,179
환경부	-259	-1,786	-4,435	12,288	-911	4,897
공정거래위원회	-138	-98	-40	0	9,625	9,349
보건복지부	159	3,873	913	8,037	547	13,529
교육부	68	2,301	214	8,255	3,073	13,911
고용노동부		30,785	1,384	6,292	23,271	61,732

출처: "규제비용관리제 개선방안," 이민호 외, 2021, p. 97. 재인용.

제3절 규제영향분석 관련 논의 쟁점

정부 규제에 대한 규제영향분석은 OECD 회원국을 중심으로 실시되고 있는 규제에 대한 비용편익분석과는 다소 다른 특성을 추가적으로 지니고 있다. 기업의 규제 부담을 관리하기 위해 규제 비용을 부담하는 피규제 기업·소상공인에 초점을 맞추고, 이들에 대한 직접적인 비용과 편익 여부를 판단, 정량적으로 분석하는 실무를 수행한다.

규제영향분석에서 가장 중요한 핵심적인 항목은 정부 규제에 대한 비용·편익 분석이다. 정부의 규제로 인하여 집단이나 국민들이 부담해야 하는 비용과 편익을 분석하여 비교하도록 하고 있다(행정규제기본법 제7조).

첫째, 직접편익 인정 여부에 대한 쟁점이다. 규제의 영역이 경제적 규제인가 사회적 규제인가, 그리고 규제의 목적이 정책적 규제인가 개별 규제 목적에 따른 규제인가 등에 따라 규제를 체계적으로 분류하여, 규제 성격에 맞도록 규제영향분석서를 작성하는 방안을 검토한다(안혁근, 2014). 그리고 각 부처의 특성과 규제의 성격에 따른 규제영향분석서를 작성하여, 규제 영향을 합리적이고 실질적으로 분석한다.

규제비용감축제가 도입되면서, 부처별 감축 목표율이 100%~300%까지 할당되어 있으며, 부처가 규제의 폐지·완화에 따른 실적을 인정받기 위해서는 규제비용분석서를 제출하고, 규제연구센터의 검증을 받는 절차를 거치게 된다. 이때 직접편익에 포함되는 또는 배제되는 항목 기준이 모호하여 직접편익으로 인정받지 못하는 사례가 발생하고 있다.

즉, 규제비용관리제하에서 정부 규제에 대한 비용편익분석은 규제영향분석의 일부분에 해당되며, 해당 규제로 인해 발생되는 직접비용에서 직접편익을 뺀 규제순비용, 즉 연간 발생하는 규제순비용의 개념인 연간균

등순비용을 주요 관리 대상으로 하고 있다(원소연, 2016).

직접비용과 간접비용, 직접편익과 간접편익을 구분하여 식별하고, 직접 순비용만을 관리 대상으로 설정하여, 피규제 기업·소상공인의 직접비용과 직접편익을 제외한 간접비용과 간접편익, 피규제 이외 기업의 비용과 편익 등 기타 영향집단에 대한 영향을 제외하도록 되어 있어 문제점으로 지적되고 있다(서성아 외, 2019).

비용·편익분석의 다양한 기법을 인정함으로써 규제영향분석의 유연성과 융통성을 제고할 필요가 있다(여차민, 2010). 생명의 가치 또는 특정한 위험에 대한 가치는 다양한 측정 방법에 따라 그 가치가 서로 다르게 측정된다(여차민, 2010). 따라서 비용·편익 분석의 핵심이라 할 수 있는 인간 생명의 가치 측정, 할인율(discount rate) 선정, 다양한 비사용가치(passive use value)의 측정 방법 등과 관련하여 실제 분석을 담당하는 각 부처의 판단과 재량의 범위를 폭넓게 인정할 필요가 있다(여차민, 2010). 비용·편익분석 기법 중 비사용가치 측정 기법들은 한국적 상황에 적합하도록 수정, 보완할 필요가 있다(여차민, 2010).

둘째, 비용편익분석의 정교화 문제이다. 규제영향분석서에서 비용과 편익의 분석은 규제로 인한 사회적 부담과 편익을 구체적으로 서술하였는지를 평가하는 것이다(안혁근, 2014). 그러나 계량화할 수 있는 비용과 편익을 정성적으로 서술한 경우가 대부분으로 규제의 실질적 비용인 준수 비용 혹은 집행 비용 등은 기회비용의 차원에서 파악하지 않으며, 편익도 마찬가지로 단순한 근거를 토대로 언급하는 수준에 머물러 있다(안혁근, 2014).

추정된 편익과 비용의 현재 가치를 할인율을 이용하여 비교 검토하지 않아 장기간에 걸친 규제의 영향을 고려하지 않은 것으로 볼 수 있으며, 배분적 관점에서 비용과 편익의 발생 양태를 고려하지 않고 있다(안혁근,

2014). 규제 도입으로 인한 규제의 비용과 편익이 누구에게 최종적으로 귀결되는지 검토가 필요하며, 규제 도입에 따른 비용과 편익을 계산할 때 사회적·경제적 약자 등 소외계층에게 가중치를 부여하여 규제의 비용/편익을 측정하는 등의 사회적 형평성에 대한 고려도 필요하다(안혁근, 2014).

셋째, 피규제자 수와 비용 단가의 추정에 대한 어려움이 있다. 비용·편익을 정량적으로 분석할 때, 기존에 존재하고 있지 않은 제품 또는 서비스에 대한 비용 단가를 추정하는 경우가 발생하는데, 유사 대상으로 대체해 추정하는 것이 타당한지 또는 외국 사례를 우리나라 화폐단위로 변경하여 추정하는 것이 합리적인지 등 단가 추정에 대한 모호함이 있다.

넷째, 규제영향분석을 위한 매뉴얼이 부처의 특이성을 반영하지 못하는 한계가 있다. 국무조정실에서 발간하는 매뉴얼이 있으나, 매뉴얼만으로 설명되지 않는 부분이 상당히 많다. 또한 KDI와 행정연구원의 규제영향분석 관련 검증량이 많아, 집중적으로 분석이 필요한 안건에 시간과 인력을 투입하지 못하고 있다는 지적이 있다.

최무현(2017)에서는 정책평가 단계별 모형에 따라 투입-과정-산출평가 중심의 효과성 평가 모형을 구성하여 제시하고 있다. 이와 같이, 규제비용관리제의 효과성에 대한 영향요인을 투입-과정-산출의 측면에서 분석하는 것이 필요하다(원소연, 2016)

〈표 2-4〉 규제비용관리제 효과성 평가 항목

구분	평가항목	내용
투입	방향 및 추진체계	• 규제비용관리제의 방향과 방식이 타당하다고 생각하는가 • 기업 및 소상공인의 사업활동에 미치는 영향만을 대상으로 하는 것이 타당한가 • 비용부담 대상의 범위를 조정할 필요성이 있는가 • 효과적인 집행체계를 갖추고 있다고 생각하는가 • 현재 규제비용관리제의 제도운영상 애로사항은 무엇인가
	전문성 및 인적·물적 자원	• 충분한 전문성을 갖추고 있다고 생각하는가 • 공무원의 업무 부담이 늘었다고 생각하는가 • 인적·물적 자원이 제대로 지원되었다고 생각하는가
	추진력	• 협력체계가 잘 갖추어져 있는가 • 정치인, 대기업, 중소기업, 공무원들의 지지가 충분한가
과정	수단의 효율성 및 활용	• 규제비용관리제가 기업 및 소상공인의 규제 부담을 줄이는 효과적인 수단이라고 생각하는가 • 규제비용관리제가 현재 기업 및 소상공인의 규제 부담을 줄이기 위한 수단으로 활발하게 활용되고 있다고 생각하는가
	비용편익분석 및 직접비용의 타당성	• 비용편익분석 결과가 규제 부담을 잘 반영하고 있는가 • 직접비용만을 관리 대상으로 하는 것이 타당한가 • 직접비용만을 대상으로 하는 것이 타당하지 않다고 생각하는 이유 • 직접비용이 기업 및 소상공인의 규제 부담을 제대로 반영하고 있는지에 대한 검토가 잘 이루어지고 있다고 생각하는가
	적용 제외 범위의 일관성 및 타당성	• 적용 제외 범위는 일관성이 있고 명료한가 • 적용 제외 범위가 타당한가 • 적용 제외 범위가 타당하지 않다면 그 이유는
	편의성, 지원체계, 교육	• 공무원이 쉽게 이용하고 활용할 수 있게 운용되는가 • 규제비용관리제의 매뉴얼이 편의성이 있는가 • 산하기관(연구원)의 도움은 얼마나 받는가 • 검증기관의 검증 절차는 적정한가 • 검증기관의 검증 기간은 적정한가 • 검증기관의 검증 만족도 • 규제정보화시스템 만족도 • 현재 규제정보화시스템에 불만족한다면 그 이유는 • 규제영향분석서에 대한 훈련 횟수, 교육인원, 내용은
	모니터링, 인센티브	• 비용 상쇄를 위한 효과적인 인센티브가 잘 갖춰져 있다고 생각하는가 • 비용 상쇄를 위한 효과적인 방법은 어떤 것이 있는가 • 비용적립제도의 유용성 여부 • 비용적립제도가 유용하지 않다면 그 이유
산출	유용성	• 규제 개혁에 유용성이 있는가
	규제 품질	• 규제 품질 수준이 높아졌는가
	목표 달성	• 소상공인 규제 부담이 완화되었는가 • 불필요한 규제가 폐지·완화되었는가 • 필요한 규제가 도입되지 않을 가능성이 있는가 • 효과성 제고를 위해 필요한 부분은 무엇인가
	필요성	• 향후 규제비용관리제가 지속되어야 하는가

출처: "규제비용관리제 종합평가," 최무현, 2017, p. 27.

제3장

규제영향분석의 해외 사례

제1절 영국의 규제영향분석
제2절 미국의 규제영향분석
제3절 일본의 규제영향분석
제4절 시사점

제3장 규제영향분석의 해외 사례

본 장에서는 주요 국가의 규제영향분석 가이드라인 및 사회보장 분야에 적용한 사례를 검토하고자 하였다. 미국, 영국, 일본 등 주요 국가들은 규제영향분석 제도의 효율성을 제고하기 위한 다양한 방법을 사용한다. 이에 미국, 영국, 일본의 규제영향분석을 위한 가이드라인을 검토하고, 정책 대안의 구성과 규제영향분석 결과를 도출하기 위한 정책적 노력을 검토한다.

제1절 영국의 규제영향분석

1. 영국의 규제 체계

영국의 규제 체계를 이해하기 위해서는 우선 영국의 입법체계를 간단하게 살펴볼 필요가 있다. 1차 입법은 의회를 통해 법률을 제정하는 것을 의미하며, 2차 입법은 1차 입법에 기반해 각 정부 조직이 하위의 법률을 제정하는 것을 의미한다(김수용, 2009). 즉 1차 입법은 우리나라의 법률에 해당하고, 2차 입법은 행정명령에 해당한다고 볼 수 있다. 규제 체계 역시 1차의 입법체계와 2차 입법체계로 나누어지며, 1차 입법은 의원입법과 정부입법으로 나누어진다.

의원입법과 정부입법의 경우 규제 도입 과정이 다소 차이가 있다. 의원입법의 경우 특별히 규제영향평가 등의 제출 의무 없이 의회의 의결을 통해 제정되지만, 의원 입법의 경우도 우선 행정부의 검토를 거치며, 행정부가 의원입법에 대해서 규제영향평가를 할 것인지, 하지 않을 것인지를 결정할 수 있다. 즉, 행정부가 의원입법을 지지하는 경우에는 규제영향평가를 시행하며, 의안에 반대할 경우에는 규제영향평가를 실시하지 않는다. 이를 통해서 의원입법의 규제 도입을 간접적으로 통제한다(GOV.UK, 2013).

정부입법의 경우 법률안 제출 이전, 행정부 내에서 규제영향평가의 실시 → 규제정책위원회의 검토 → 공청회 실시 → 내무 및 연합내각 위원회 (Domestic Economy Implementation Committee, DEI) 검토 → 위임권한 검토서 작성 → 조세 및 지출에 미치는 영향에 대한 재무부와의 협의 → 의회 업무 및 입법위원회의 결정 과정을 거치게 된다.

2차 입법은 우리나라의 경우와 유사하다고 볼 수 있다. 행정부의 장은 법률에 의해 권한을 위임받아 행정규제를 제정하며, 그 과정은 규제개선국(Better Regulation Executive, BRE)에서 정한다.

구체적인 행정규제 제정의 과정은 규제 개선 프레임워크(Better regulation Framework, BRF)라는 정책 프로그램에서 제시하고 있다. 규제 개선국(Better Regulation Executive, BRE)은 규제 개선 프레임워크(BRF)를 만들고 각 부처가 이를 준수하는지를 확인하는 역할을 한다.

모든 부처는 규제 개선단(Better Regulation Unit, BRU)을 설치해야 하며, 이 부서가 규제 개선 프레임워크(BRF)의 시행을 감독하고 지원한다. 해당 부처의 규제 개선단(BRU)에서는 해당 부처가 규제 개선 프레임워크(BRF)의 지침을 잘 시행하고 있는지 감독하며, 시행에 어려움이 있을 경우 컨설팅을 담당하는 역할을 한다.

각 부처들이 만든 규제들은 규제 개선단이 중심이 되어 대안평가(Option Assessment), 규제영향평가 등을 시행하게 된다.

그리고 별도의 독립적인 위원회인 규제정책위원회(Regulatory Policy Committee, RPC)에서는 해당 부처의 규제 개선단의 평가가 잘 되었는지에 대한 타당성을 점검한다.

한편, 의회는 해당 규제가 행정부의 권한 내에서 제정된 것인지를 검토한다(UK Parliament, 2024). 일반적으로 규제는 네거티브 방식을 띠는데, 즉 의회가 검토를 시작한 지 40일 이내에 상원 혹은 하원에서 효력 정지 판단을 하면 효력이 정지되나, 특별한 사유가 없으면 효력이 발생하는 형태로 진행된다.

2. 영국의 규제영향분석제도

거시적인 틀에서 영국의 규제관리제도를 보면, 크게 규제영향평가제도와 규제비용관리제도의 두 가지로 나누어 볼 수 있다(임희선, 2024).

규제영향평가제도는 다시 두 부분으로 나눌 수 있는데 영향을 사전적으로 분석하는 영향평가서(Impact Assessment, IA)와 규제 시행 후 사후적으로 분석하는 사후 평가서(Post Implementation Review, PIR)로 구분된다. 그리고 규제비용관리제도는 규제비용총량제와 기업 규제비용감축목표제로 구분된다(임희선, 2024).

[그림 1-1] 영국의 규제영향제도

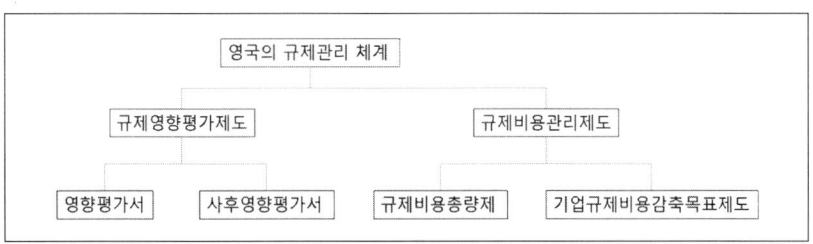

출처: "영국, 호주, 미국의 규제영향분석 개선 사례: 영국," 임희선, 2024, 한국행정연구원, p. 9의 그림을 수정 인용.

1985년에 기업이 규제를 준수함으로써 발생하는 비용을 평가하기 위해 준수 비용평가(Compliance Cost Assessment, CCA)를 도입하였고, 이후 1998년 8월에는 보다 포괄적인 방식인 규제영향평가를 도입하였다.

2000년 8월에 "Good policy Making: A guide to Regulatory Impact Assessment"를 발표하며 규제영향평가를 모든 부처로 확대하여 규제를 도입하는 데 따른 영향을 사전에 검토하는 체계를 구축하였다(임희선, 2024). 그리고 2001년에는 규제개혁법을 실시하여 규제 제정 시 협의서와 영향평가서의 첨부를 의무화하였다.

규제비용관리제도는 규제비용총량제와 기업 규제비용감축목표제로 구분된다. 규제비용총량제는 규제의 신설 및 강화로 인해 순비용이 발생할 경우 이에 상응하는 규제의 폐지 및 완화를 유도해 규제비용총량을 감축하는 제도이며, 기업 규제비용감축목표제도는 2015년에 제정되었다(임희선, 2024).

가. 영국의 규제영향제도의 법제화 과정

영국에서 규제영향제도를 법제화한 내용을 간략히 보면 다음과 같다. 1979년, 대처 총리 이후 영국은 규제 개혁을 본격적으로 추진하였고, 불필요한 규제를 최소화하기 위해 규제영향평가제를 1985년도에 처음으로 도입하였다.

규제영향평가는 기업이 규제를 이행하는 데 따른 비용에 중점을 두었으며, 도입할 규제보다 규제 비용이 낮은 대안이 존재하는 경우, 부처는 이에 대한 이유를 설명할 것을 요구한다(장민선, 2012).

규제 도입 기관이 규제영향평가서를 작성하면, 규제정책위원회에서 해당 내용에 대한 적정성과 타당성을 검토하게 된다. 또한 영국은 규제 부담의 완화를 위해 규제 완화 및 외주화법을 1994년도에 제정하였는데, 이에 따르면 주무장관이 규제 완화가 필요하다고 생각하는 경우 규제 개선 명령으로 관련 법령을 개폐할 수 있고, 의회가 제정한 법률이 기업 혹은 개인에게 불필요한 부담을 주는 경우 이해관계자와의 협의를 거친 후 의회에 규제 개선 명령안을 제출할 수 있다.

1998년에 들어선 토니 블레어 총리는 규제 개혁에서 규제 완화보다는 규제 개선(Better Regulation)이라는 용어를 사용하였다. 규제영향평가를 의무화하여 규제가 기업과 사회에 미치는 영향을 사전에 분석하도록 하고 있다.

2001년의 규제개혁법은 규제 개선을 위해 주무장관의 권한을 확대하였으며, 규제 개선을 목적으로 명령을 제정하여 법률을 개정할 수 있도록 하였다. 2006년에는 '입법 및 규제개혁법'을 통해 규제 개선의 전제조건인 부담을 재정적 비용, 행정상 불편, 효율성, 생산성, 수익성에 대한 장애, 합법적 활동의 수행에 영향을 미치는 형사상 또는 기타 제재로 확대하여 정의하여 주무장관의 권한을 더욱 확대하였다(Legislative and Regulatory Reform Act 2006).

이후 규제영향평가의 타당성을 높이고 규제의 적정성을 유지하기 위해 2007년에 규제영향평가제도를 집행평가(Implement Assessment, IA)로 변경하였다(National Audit Office, 2009). 집행평가(IA)는 정책 개발, 대안 선택, 협의, 최종 제안, 제정, 평가 순으로 진행되어 규제의 검토 단계부터 모든 과정에 걸쳐서 시행되었다(강승식 외, 2023).

집행평가(IA) 제도는 부처의 대안 검토가 의무화되고, 모든 평가서가 데이터베이스화되어서 시민사회나 이해관계자들이 열람할 수 있도록 한 것이다. IA는 민간, 민간과 정부의 중간 영역, 공공서비스 등에 영향을 미치는 모든 규제를 대상으로 한다. 다만 도로 폐쇄 명령, 물가 상승과 연동된 세금, 법정수수료 등은 제외하였다(OECD, 2010).

나. 규제 개선 프레임워크(Better regulation Framework, BRF)

규제를 제정하는 기본적인 틀인 규제 개선 프레임워크(BRF)는 2022년부터 개정이 시작되어 2024년 9월부터 변화된 내용이 적용되었다. 핵심적인 내용을 살펴보면 다음과 같다.

2022년에 새로운 BRF 업데이트 가이드라인을 발표하였고, 이에 대한 의견을 수렴한 뒤 2023년 9월에 새로운 BRF 안을 확정하였다. 유예기간을 두고 2024년 9월부터 해당 BRF에 따라 규제를 제정하였다. 업데이트된 BRF에 따르면, 규제 형성의 단계는 총 7단계로 나누어진다(Departement of Business and Trade, 2023).

1단계: 정책 이슈와 대안 검토 ➔ 2단계: 선호 규제 대안의 선택 및 대안 평가 ➔ 3단계: 대안 발표를 위한 협의 ➔ 4단계: 선호되는 규제 대안의 발표 ➔ 5단계 규제영향분석의 실시 ➔ 6단계 법제화를 위한 협의 ➔ 7단계 법제화 및 집행 단계로 구분된다.

집행 이후에는 사후영향평가가 5년 이내에 시행되며, 규제영향평가와 대안평가는 해당 부처의 규제 개선단(BRU)을 중심으로 이루어지며 규제정책위원회가 이를 검토한다.

2023년 이전의 BRF에서는 규제정책위원회의 검토가 필수적이지 않았으나 초기 검토의 중요성이 강조되어서 규제영향평가에 필수적으로 규정된다. 그리고 대안 평가는 새로이 추가된 요소이며, 사후영향평가 역시 5년 후 평가에서 5년 이내 평가로 변경되었다.

또 하나의 특징은 스코어카드를 도입한 것이다. 스코어카드는 기업에 미치는 영향뿐 아니라 개별 소비자, 환경 등 여러 이해당사자들에게 미치는 영향력을 고려하기 위한 제도이다. 대안 평가부터 규제영향평가까지 스코어카드가 작성되어 일반 기업뿐 아니라 가계에도 미치는 영향을 평가하게 된다.

연간균등순비용(Equivalent Annual Net Direct Cost to Business)의 기준이 변화한 것도 중요한 변화이다. 기존에는 이 비용이 500만 파운드 초과/미만을 충족하는 경우라면 2단계에서 평가를 의무화하고 규제정책위원회의 검토를 반드시 받도록 하였다. 그러나 개정된 BRF에 따르면, 기준을 상향하여 1,000만 파운드 초과/미만 시 평가 의무를 갖추게 함으로써, 더 큰 영향을 미치는 규제라도 평가 의무를 두지 않는다.

3. 최근의 규제 개혁 정책

2023년 기준으로 영국 정부의 규제 개혁 정책은 BRF를 개편하여 규제영향평가와 사전평가라는 제도를 강조하는 것 외에 규제관리제도의 폐지를 통한 규제 샌드박스의 적극적 활용, 기술개발의 촉진 등의 방향성을 띠고 있다. 핵심적인 내용 중 하나로서 2023년 수낙 정부는 2015년에 도입되었던 기업 규제비용감축목표제도(Business impact target)를 폐지하기로 결정하였다.

규제비용감축목표제도는 규제 개혁의 성과와 기업의 체감도 사이의 괴리를 줄이기 위해 캐머런 정부에서 2015년도에 도입하였다. 2015년부터 2020년까지 총 100억 파운드의 기업 규제비용을 감축하는 것을 목표로 하였다(Better Regulation Executive, 2016).

규제비용감축목표제에서 기업 규제 비용은 법률·명령 등으로 기업활동에 의무·조건을 부과하거나, 가이드라인 등을 제시함에 따라 기업이 부담하게 되는 비용을 말한다. 즉 기업경영에 실질적인 영향을 끼치는 모든 규제를 대상으로 하게 된다.

정부는 매년 규제 비용 개선 실적을 공표해야 하며, 2016년부터 규제개선집행국에서는 연간보고서를 발간하여 기업 규제 비용의 감축 실적을 공개하고 있다. 도입 첫해인 2015년의 경우 1년간 8.9억 파운드의 규제 비용을 감축했다고 발표하였다(이제희, 2017).

또한 동법에서는 규제정책에 따른 중소기업의 피해를 최소화하기 위해 정부의 의무를 규정하고 있다. 해당 법 22조 6항에 규제가 대기업과 중소기업에 미치는 불균형을 해소하기 위해 최대한 노력을 기울일 것을 규정하고 있다. 소기업 영향평가제도(Small and Micro Business Assessment)에 따라 규제개선위원회는 규제가 소기업에 미치는 영향을 검토하도록 의무화하였다. 만약 신규 규제가 소기업에게 부적절한 영향을 미치는 경우, 소기업을 규제 대상에 포함하지 않고도 규제 목적을 달성할 수 있다면 적용 대상에서 제외할 수 있도록 한다. 아울러 전체 제외가 어려운 경우라도 부분 면제, 유예기간 부여, 일시 면제, 차등적용 등의 내용을 제시해야 한다.

가. 규제비용감축목표제의 문제점

그러나 규제비용감축목표제와 관련하여 다음과 같은 문제점이 지적되었다. 규제 비용의 감축은 기업에 미치는 직접적인 영향만을 고려하므로 규제 완화의 효과를 왜곡시킬 가능성을 안고 있다(National Audit Office, 2016). 즉, 규제 비용을 산출할 때 소비자에 대한 보호, 시장의 효율적 작동에 대한 기대 등은 고려하지 않고 기업에 대한 부담만을 고려하고 있음이 지적된 것이다. 이러한 문제는 기업 규제 비용의 감축이 사회적 비용 부담의 증가, 혹은 다른 행위자로의 비용 전가를 가져올 수 있다.

또한 해당 규제 자체에만 집중하여 규제의 연쇄효과에 대한 고려가 부족하다고 비판받고 있다. 규제 상호 간의 영향 등은 분석되고 있지 못하므로, 개별 규제에 대한 개선이 전체 규제 비용의 증가로 이어질 가능성이 있다(이제희, 2017).

또한 기업 규제 비용의 산출을 위해서는 모든 규제가 해당되어야 하나, 소기업 고용법 제22조 2항에 따르면 해당 부처의 장관이 기업 규제비용감축목표제의 대상이 되는 규제를 자의적으로 선정할 수 있도록 규정해 놓고 있다. 특히 EU 법에 따라 도입되는 규제의 경우 기업의 규제 비용을 증가시키는 경우라도 감축목표제에 해당하지 않는다. 이러한 자의적 규정의 적용이 신뢰성을 떨어뜨릴 수 있다고 비판받고 있다(National Audit Office, 2016).

감사원의 2016년 보고서에 따르면, 14개 부처 중 5개 부처는 현존하는 기업 규제의 수도 파악하지 못한 것으로 나타났다(National Audit Office, 2016). 기존 규제에 대한 이해가 부족한 상태에서, 규제비용감축제도는 널리 알려진, 그리고 쉬운 규제에만 손댈 수 있는 상황으로 전개될 가능성이 높다고 지적되고 있다.

나. 규제비용감축제도의 폐지와 BRF의 개선[2]

규제정책위원회의 검증 결과에 따르면, 최근에 규제 비용이 증가하고 있는 것으로 나타났다. 2017년부터 2019년 회기 동안 행정부는 90억 파

---

[2] Regulatory Policy Committee. (2021). One-In, Some-Out: should government set itself a target or control framework to reduce regulatory impacts? 참고하여 작성

운드의 규제 비용을 감축하는 것을 목표로 하였으나, 실제로는 78억 파운드가 늘어난 것으로 조사되었다(Regulatory Policy Committee, 2021). 2019년부터 2024년까지의 회기 동안 오히려 143억 파운드의 규제 비용이 증가하는 것으로 나타났다.

앞에서 언급한 바와 같이 규제비용감축제도의 적용 대상이 되는 규제를 정하는 기준이 자의적이므로 여러 규제들이 상당한 비용을 불러옴에도 불구하고 적용 대상에서 면제되고 있다.

특히 절차적 차원에서의 한계점도 지적되고 있다. 규제개선위원회가 각 부처의 규제영향평가에 대해 검토를 하는 것이 규제 제정의 최종 단계에서 발생하는 일인데, 이 경우 이미 각 부처에서 정책 수단으로 규제를 결정한 상황이라 규제개선위원회의 검토가 실질적인 의사결정에 영향을 미치지 못하고 있다.

이에 따라 정부는 규제비용감축제도를 폐지하고, 기획 단계에서 규제영향평가에 대한 검토를 제공할 수 있도록 BRF를 개선하는 방향으로 진행되고 있다.

아울러 영국은 규제 샌드박스를 적극적으로 활용하고 있는 것으로 나타났다. 영국의 금융 샌드박스는 2016년 금융 분야에서 처음으로 시작되었으며, 현재는 금융·데이터 공유, 건강, 에너지 등의 분야에서 규제 샌드박스를 운영하고 있다. 금융감독청은 2016년에 금융규제 샌드박스를 시행하였고, 2021년부터는 연중 상시로 오픈하여 언제든지 서류를 제출하고 심사받을 수 있게 하고 있다.

데이터 보호의 경우 디지털 헬스케어, 사물인터넷, 생체인증 기술 등을 활용하여 개인정보를 처리하는 상품 및 서비스가 요건을 충족한다면 한시적으로 규제의 의무를 면제하고 있다.

또한 새롭게 등장한 기술에 대해 규제를 완화하여 혁신의 가능성을 높이고 도전적인 시도들을 촉진하고자 시도하고 있다. 2019년 4차 산업혁명을 위한 규제 백서(Regulations for the Fourth Industrial revolution White Paper)에 따르면, 기술 진보를 위해서는 규제를 유연화할 필요가 존재하며, 공익의 보호 및 안정성의 확보 등을 고려하면서 동시에 혁신가들이 좀 더 역동적으로 도전할 수 있는 환경을 만들어내는 것에 집중하고 있다.

이를 위해 규제혁신위원회(Regulatory Horizons Councils)를 설립하여 혁신 및 규제 전문가들을 참여시킨다. 이 위원회는 규제 혁신이 필요한 분야를 선제적으로 발굴하는 역할을 수행하며, 경제적 가치 이외에 사회적 가치 등도 함께 고려할 수 있도록 하고 있다

아울러 규제개척자기금(Regulation's Pioneer Fund)을 운영하여 규제 혁신을 위한 프로젝트를 진행하고 있다. 이는 규제기관이 기업을 위해 규제 혁신을 진행한다면 보조금을 지원하는 사업이다.

그리고 다수의 국제기관이 참여하는 규제기관 혁신 네트워크를 활용, 규제 혁신의 모범 사례를 공유하여 성과를 높이기 위해 노력하고 있다.

다. 우수사례: 보건부의 담배제품의 표시 규제 강화[3][4]

영향평가에서 정량 및 정성 평가의 질이 높은 사례로서 보건부가 실시한 담배 케이스의 표시 규제의 영향평가를 들 수 있다. 흡연은 국가적으로 중요한 과제 중 하나이며 영국인의 조기 사망의 주요 원인이 되고 있다. 흡연 예방 및 간접 흡연 방지를 위한 성인 흡연자의 금연은 어려운 문제이다. 한 연구 결과에 따르면, 담배 제품의 표준화된 패키지는 담배 제

---

3) Standardised packaging of tobacco products (IA No: DH3080)
4) http://www.legislation.gov.uk/ukdsi/2015/9780111129876/impacts

품의 매력을 줄이고, 건강 경고의 효능을 증가시킨다고 제안되었다. 또한 흡연에 대처함으로써 사회경제적·건강 격차를 줄일 수 있다고 상정된다. 따라서 담배 패키지 표시 규제 도입을 전제로 비용편익을 정리하여 제시하고 있다.

최종 단계에서 제시한 정부가 실시할 수 있는 옵션은 (a) 2016년 EU 담배 제품 지침을 도입하는 것(영국 정부로서는 아무것도 하지 않는 옵션), (b) 고유의 브랜드 표시를 철폐하고, 건강 경고나 세금 스탬프 등 표준화된 패키지의 색이나 형상, 서체로 브랜드명을 제시하는 것, (c) 호주에서 구현된 단순 패키지 도입의 근거를 토대로, 표시될 때까지 표시 규제 결정을 연기하는 것 세 가지였다.

최종 단계의 영향평가 결과를 보면, (b) 고유 브랜드 표시를 철폐하고 건강 경고 및 세금 스탬프와 같은 표준화된 케이스의 색이나 형상, 서체로 브랜드명을 표시하는 옵션의 10년간의 순 현재 가치 합계는 250억 파운드(약 46조 5,000억 원, 1파운드=1,860원으로 환산), 기업에 대한 순 현재 가치는 마이너스 400백만 파운드(약 7,440억 원, 1파운드=1,860원으로 환산), 1년간 기업이 부담하는 순비용은 36.78백만 파운드(약 684억 원, 1파운드=1,860원으로 환산)로 추계되었다.

금연을 촉구함으로써 기업에 대한 비용을 부과하는 것 외에도 담배 회사의 이익 감소가 우려되었다. 이에 정확한 영향평가를 실시함으로써 기업의 우려에 대응하였는데, 정확한 영향평가를 위해 미래 추세 분석 및 국제 조사를 활용하여 영향평가에 반영했다. 예를 들어, 추세 분석으로, 저렴한 담배 제품에서 중급 및 고급 담배로 만든 제품의 시장 점유율을 지난 10년 동안 정리하고, 향후 추세가 어떻게 변화하는지 분석하였다.

구체적으로는 2001년부터 2009년까지 중급·고급 담배 제품의 시장은 2001년에 50.1%였지만, 2009년에는 29.3%로 떨어졌다. 유사 조사로서

호주에서 실시한 담배 단일 패키지 도입의 분석 데이터를 흡연율이나 시장 규모 등의 기준으로 활용하였다. 기타 중소기업에 대한 규제 집행 타이밍을 중소기업에 맡기고 기업과 정부 모두 이익을 만들도록 검토하였다. 이 사례는 규제에 관한 영향평가의 좋은 사례로서 보건부에서는 자리매김하고 있다.

제2절 미국의 규제영향분석[5]

1. 미국의 규제 체계

미국 규제 체계의 기본 철학은 다음과 같이 나누어 볼 수 있다(이민창, 2019). 첫 번째는 연방기관이 규제를 제공하는 경우인데, 법률로 요구받거나, 법률의 해석을 위해 필요하거나, 미국민의 복지 및 건강, 공공안전의 증진 및 환경 개선을 위해서 민간이 실패한 경우 규제를 제공한다는 것이다. 두 번째는 규제를 공급하는 기관은 규제 대안에 대한 비용편익분석을 시행하며, 계량화된 수치를 제공하는 것을 원칙으로 한다는 것이다. 마지막으로, 연방기관이 규제 대안을 선택할 경우, 법률에 특별한 사항이 없는 한 규제의 순이익이 극대화될 수 있는 방안을 접근하여야 한다는 것이다.

1993년에 공포된 행정명령 12866호에서는 규제 원칙 12가지를 제시하고 있다. 첫째, 민간의 노력으로 해결되지 않는 것임을 명확히 해야 한다. 둘째, 기존 규제가 있을 경우 해당 규제가 반드시 개정되어야만 할 이유가 있어야 한다. 셋째, 명령 지시적 규제뿐 아니라 경제적 유인 방식 등

---

[5] 본 절은 이민창(2019). 미국 규제관리체계의 제도적 함의를 참고하여 재구성하였음.

의 규제 방식도 반드시 검토되어야 한다. 넷째, 규제를 제정할 때는 규제 수단이 야기할 수 있는 위험을 반드시 고려해야 한다. 다섯째, 규제가 불가피하다면 가장 효과적인 방법을 선택해야 한다. 혁신 유인, 일관성, 예측 가능성, 순응 비용, 유연성, 재분배 등을 고려해야 한다. 여섯째, 모든 규제기관은 규제 비용과 편익을 계산하여 비용보다 편익이 클 경우만 규제를 선택하여야 한다. 일곱째, 규제기관은 모든 과학적, 기술적, 경제적 방법에 의해 획득한 정보를 기반으로 하여 의사결정에 임하여야 한다. 여덟째, 모든 규제기관은 제안하는 규제 외에 많은 대안을 확인해야 하며, 아홉째, 규제기관은 주정부, 지방정부 등의 의견을 수렴하여야 한다. 그리고 지방정부의 집행 부담을 최대한 줄이는 방향으로 규제가 제시되어야 한다. 열 번째는 중복적인 규제를 금지하고자 하는 것이며, 열한 번째는 규제가 기업이나 정부기관 등에 부과하는 부담을 최소화해야 한다는 것이며, 마지막 열두 번째는 규제 내용이 쉽고 간결하게 표현되어야 한다는 것이다.

미국의 규제 체계 중 거시적인 체계는 다음과 같다. 미국의 규제 관리는 관리예산처(Office of Management and Budget, OMB)와 관리예산처 산하의 정보규제사무국(Office of information and Regulatory Affairs, OIRA)을 중심으로 이루어진다(초성운, 2016).

이 두 기관은 규제기관들이 생산하고 집행하는 규제가 법률 등에서 명시하고 있는 원칙들에 부합하는지 검토하는 역할을 수행한다. 먼저, 관리예산처(OMB)는 대통령의 직속 기구이고 규제관리에 대한 총괄 및 감독의 역할을 하는 부서이다. 행정부처 전반에 걸쳐 규제의 조정 및 감독, 규제의 비용 및 효과 관리 등 규제 관리, 규제 개혁과 관련된 여러 업무들을 담당하고 있다.

정보규제사무국(OIRA)은 규제 개혁의 실무를 총괄하는 부서이다.

1980년에 설치되었으며 개별 규제 기구가 추진하는 규제들 간의 일관성 확보, 실무 차원의 규제 개혁 및 조정을 담당한다. 정보규제사무국(OIRA)은 규제의 기획부터 확정 단계까지 매 단계에서 대통령의 정책, 통치 원리 등에 일치하는지 확인하는 역할을 수행하며, 각 기관들이 규제영향평가를 잘 수행할 수 있도록 규제영향평가에 대한 지침서 및 가이드라인을 제공한다.

규제 개혁 과정에서 사회규제 영역에 신규 규제가 필요하다고 판단하는 경우, 기존 규제가 개선되거나 폐지될 필요가 있다고 판단하는 경우, 정보규제사무국(OIRA)에서 관련 부처에 통지하는 형태로 운영된다. 그리고 규제 개혁의 방향 설정, 규제 개혁 대상의 발굴, 규제 개혁 관련 기법의 개발과 관련한 실무추진회의 운영 등을 수행한다.

2. 미국의 규제영향평가 제도

미국의 대표적인 규제영향평가와 관련한 지침은 관리예산처(OMB)에서 설정한 Circular A-4와, 2023년 정보규제사무국(OIRA)의 제안에 따라 개정된 Circular A-4 개정안을 들 수 있다.

가. Circular A-4(2003)의 규제영향평가 가이드라인[6]

1) 규제 평가(분석)의 주요 목적

규제 평가는 규제의 결과 예측 및 이에 대한 평가를 의미한다. 규제를 개발하는 과정에서 여러 가지 대안과 주요 효과, 그 근거를 확인하는 방

---

6) OMB. (2003). Circular A-4, Regulatory Analysis,
https://obamawhitehouse.archives.gov/omb/circulars_a004_a-4

법을 제공한다.

규제 분석의 가장 기본적인 도구는 비용편익분석이다. 비용과 편익을 정량화하여, 화폐단위로 표현한 후 비교하여 최적의 대안을 선택하도록 한다. 그러나 화폐화하기 어려운 부분도 있으므로 전체 분석의 맥락에 따라 질적인 부분도 고려하여 중요도를 바탕으로 판단하도록 규정하고 있다.

일반적인 규제 필요성의 근거로 시장실패, 외부성, 공공성, 정보의 비대칭성 문제 등을 규정하고 있으며, 이러한 문제들을 해결하기 위해 규제의 신설 혹은 개정이 반드시 필요한 수단임을 입증하도록 하고 있다.

2) 대안의 분석과 결정

규제의 필요성이 일단 입증되면, 그 규제의 대안들을 선택하도록 한다. 예비 분석을 통해서 우선적으로 대안들을 제거하고, 여기서 살아남은 대안들에 대해 본격적으로 평가를 수행한다.

규제의 대안을 선정할 때, 법률의 허용 범위, 시행 시기, 집행의 수단, 규제의 강도, 피규제 대상의 규모, 지리적 차이 등을 고려해야 한다. 또한 직접 규제 수단보다는 최대한 유연성을 발휘하며 시장 유인적 접근이 가능한 대안을 우선적으로 선택할 것을 규정하고 있다. 만약 정보 가용성의 접근을 통해서 정보 비대칭을 해소할 수 있는 경우라면 이를 규제보다 우선 고려해야 한다.

3) 분석 방법

분석 방법으로는 비용편익분석(BCA)과 비용효과분석(CEA)을 제시하고 있다.

비용편익분석은 비용과 편익을 정량화된 화폐단위로 표현하여야 하며, 다양한 대안을 하나의 기준으로 평가할 수 있는 장점이 있다. 화폐단위로 표현할 수 없는 경우라면, 최대한 물리적 단위로 표현되어야 한다. 다만 규제에서 가장 핵심적인 사항을 물리적 단위로 표현할 수 없을 때, 비정량화된 요소의 평가를 위한 전문적인 판단을 포함하며, 이에 대한 구체적이고 명확한 설명이 추가되어야 한다.

비용효과분석은 비용과 편익을 화폐화하지 않고 물리적인 양으로 비교하는 경우도 있다. 비용효과분석을 위해서는 동일한 효과를 보이는 규제의 대안들을 분석하거나 여러 효과를 지표로 통합하여 표현할 수 있을 때 활용되기도 한다.

분석 시 반드시 포함이 되어야 하는 요소로는 민간 부문의 규제 준수를 위한 비용 및 비용 절감, 정부의 규제집행 비용 및 비용 절감, 규제로 인한 생산자 잉여·소비자 잉여의 변화, 규제가 야기하는 불편함에 대한 비용과 편익, 업무·통근·여가 등에 관한 시간 변화에 대한 내용이며, 가능하면 이들은 화폐가치로 추정하여 표기한다.

규제영향분석을 위하여 미국 보건복지부에서는 표준 비용를 제공하고 있다. 미국 보건복지부(HHS)는 다음과 같은 혜택, 비용 및 기타 영향을 분석하여, 통계적 수명당 가치 추정값을 분석에 활용할 수 있도록 제공하고 있다.

〈표 3-1〉 QALY와 기대여명의 현재 가치

할인율	PV QALY	PV LY
0.0%	32.2	38.8
2.0%	22.2	26.5
3.0%	18.9	22.5
7.0%	11.6	13.5

주: QALY=Quality of health-related life year, LY=Life year
출처: "HHS Standard Values for Regulatory Analysis," Kearsley, 2024.

〈표 3-2〉 QALY와 기대여명의 화폐가치로 전환

할인율	2.0%	2.0%	3.0%	3.0%	7.0%	7.0%
추정치	VQALY	AVLY	VQALY	AVLY	VQALY	AVLY
최저	$276,000	$231,000	$323,000	$272,000	$529,000	$453,000
중간	$591,000	$495,000	$692,000	$583,000	$1,134,000	$971,000
최고	$899,000	$754,000	$1,053,000	$888,000	$1,727,000	$1,478,000

출처: "HHS Standard Values for Regulatory Analysis," Kearsley, 2024.

4) 분석의 기준

분석의 기준에 대해서 다음과 같이 설명하고 있다. 비용과 편익의 추정에 앞서서 전후를 비교할 수 있는 분석 기준에 대한 설정이 필요하다고 언급한다. 규제가 없을 경우 최상의 사회 상태를 가정하고, 규제의 비용과 편익을 추정할 때는 이 기준과 비교하여 계산되어야 한다. 규제가 없을 때 최상의 상태는 시장의 발전, 외부요인의 변화, 정부기관이 공표한 규제의 변경, 규제 준수 정도 등의 요소들이 고려되어야 한다. 분석 기준은 여러 개가 있을 수 있으며, 이러한 경우에는 기준별 비용과 편익을 추정할 수 있다.

5) 기회비용의 추정

기회비용은 지불의사(Willingness to pay, WTP)를 기준으로 측정하도록 하였으며, 이와 더불어 수용의사(Willingness to accept, WTA)를 보조적으로 활용하도록 한다. 시장 가격의 측정이 불가능하거나 어려울 경우 현시 선호법에 의한 지불의사 추정치를 활용한다.

진술 선호법은 상품 및 서비스의 비사용가치를 추정하는 데 사용될 수 있으며, 다중회귀분석을 기반으로 한 헤도닉 가격 모형을 활용하여 추정치를 개발할 수 있다.

기회비용 측정에서 이중 계산 오류를 방지하기 위해 특정 가치가 다른 가치에 유발하는 효과를 분리해야 한다. 법령에 명시된 요구 사항 외에도 추가적인 문제에 대해 분석이 필요한 경우 추가할 수 있다. 특히 소규모 기업에 중대한 영향이 예상된다면 규제 유연성 법에 따른 규제 유연성 분석(Regulatory Flexiblity Analysis, RFA)을 준비하여야 한다.

또한 규제와 관련해 연간 1억 달러 이상의 지출이 예상될 경우, 비용편익에 대한 서면 진술이 필요하며, 규제의 환경, 아동의 건강, 에너지 사용 등에 미치는 영향 및 진술 등을 고려해야 한다.

나. Circular A-4(2023)의 주요 수정 사항

규제영향평가에 대한 주요 내용을 규정한 Circular A-4는 2023년에 개정되었다. 이 개정을 통해서 규제영향평가의 품질을 개선하고 비용과 편익의 추정 방식의 개선 사항을 제시하고 있다.

분석 기준에 대해 2003년 안은 규제 이전 수준을 분석 기준으로 포괄적으로 제시하였으나, 수정안은 기술, 인구, 경제적 변화 등 규제 이후에 변화될 다양한 가능성을 포함해서 분석 기준을 설정할 것을 요구하고 있다. 즉 규제를 도입하지 않았다면 시간의 변화와 발전에 따라 나타날 미래 변화를 반영하도록 하였다.

2023년 개정판에서는 현시 선호 접근법, 진술 선호 접근법, 편익이전 등에 대해 구체적인 방법론을 보완하도록 하였다. 또한 정량화가 불가능한 경우 화폐화하지 않아도 되도록 유연성을 허용하였고, 규제영향평가에서 규제 준수 가능성, 시장 상황의 반영, 비용편익의 이전 3가지 요소를 추가적으로 상세히 다루도록 요청하였다.

① 규제 준수 가능성은 2003년도 가이드라인에서는 언급하지 않았던

부분이다. 규제의 미준수, 부분 준수, 초과 준수 등의 가능성을 경고하고 있으며 이러한 상황에 따라 별도의 비용이 발생할 수 있음을 경고하였다. 규제준수율을 고려해야 하는 이유로는 기존 규제의 준수율을 제고하기 위해 규제를 개선할 때, 효과를 정확히 분석하기 위해서 기존 규제의 준수율에 대한 고려가 반드시 필요하기 때문이며, 또한 규제 준수율을 고려할 때 비용편익분석 추정의 편의를 최소화할 수 있기 때문이다.

② 개정된 가이드라인은 다양한 시장 상황을 보다 실제에 가깝게 반영하기 위해서 시도하였다. 첫 번째는 경기변동을 반영할 것을 제시하였다. 규제가 경기 침체 또는 경기 과열을 안정화하는 것에 목적을 두고 있다면 비용편익분석에서도 고려해야 한다. 거시경제에서 활용되는 총소비, 고용, 국내총생산 등은 비용편익분석에 활용될 수는 있으나 그 자체로 비용 혹은 편익에 속하지는 않는다.

두 번째는 시장지배력을 고려해야 한다고 제시하였다. 진입 규제나 공급의 규제 등은 특정 집단에게 시장지배력을 강화시켜 시장의 왜곡을 불러올 가능성이 있다. 따라서 규제가 도입될 시 시장지배력의 변화로 인해 생기는 손실, 그리고 기술 발전으로 인해 시장의 진출입이 변화되는 양상까지 고려해야 한다고 제시하였다.

세 번째는 정보의 비대칭성에 대해서 언급하였다. 정보를 수집, 이해하는 데 소요되는 시간과 부담, 그리고 정보의 과부하 등이 불러일으킬 수도 있는 문제 등도 정량화하여 비용과 편익에 포함할 것을 권고하였다.

③ 2023년 수정안에서는 또한 비용과 편익에 있어서의 이전(Transfer)을 어떻게 다룰지에 대해서 상세하게 설명하였다. 첫 번째 방식은 이전으로 발생하는 비용과 편익을 별도로 계산하고 비용편익의 추정에서는 제외하는 방법이다. 실제로 별도로 구분하기가 쉽지는 않지만, 비용편익분석에서 이전 소득을 제외하여, 좀 더 명확한 평가가 가능하다는 장점이

있다. 이론적으로도 한 그룹에서 다른 그룹으로 효과가 이전되어 상쇄되는 경우에는 비용편익분석에서 제외하는 것이 적정하다.

두 번째 방식은 이전을 비용과 편익에 합산하여 순비용을 추정하는 방식이다. 이 경우 참여자에게 미치는 다양한 요인들이 이전인지 아닌지를 판단할 필요 없이 각자의 비용과 편익으로 넣어서 계산할 수 있다는 장점이 있다. 현금 이전의 흐름이 복잡하거나 불명확한 경우에 유용하게 사용할 수 있다. 또한, 세제의 개편이 사람들의 노동시간에 변화를 주거나, 세금을 최소화하기 위한 행동의 변화 등을 야기한다면 이러한 요소들을 규제영향분석에 반영하도록 권고하였다.

2023년도 수정안에서는 불확실성의 접근에서도 보다 심층적으로 접근하는 방법을 채택하였다. 2003년도 가이드라인에서는 위험 중립성의 가설을 내세웠으나, 2023년 수정판에서는 위험 중립성 가설을 폐기하였다. 개정안에서는 불확실한 결과의 가치를 추정할 경우, 위험 선호도별로 가치를 고려하는 것으로 변경하였다. 비용과 편익을 추정할 때 위험 선호도별 분석을 시행하도록 권고한 것이다.

이를 위해, 규제의 대상 인구에 대한 위험 선호도의 파악을 중요하게 여긴다. 또한 분석 기준에 대한 불확실성이 존재하여 다양한 분석 기준이 존재할 경우, 상대적으로 좋지 않는 상태의 분석 기준에서 더 큰 효과를 가지는 규제를 대안으로 선택하도록 한다.

불확실성을 화폐화하기 위한 기술적 접근 방법도 설명한다. 확실성 등가 가치평가(Certainty-equivalent valuation), 위험회피를 위한 지불의사 금액의 조사 등을 통해 불확실성을 확실한 값으로 변환해야 한다.

또한 2023년도 개정안의 경우 규제영향분석 시 부분균형분석과 일반균형분석을 동시에 사용하도록 권고한다. 규제의 영향이 단일 시장에만 영향을 미치고 다른 시장과 상호작용할 가능성이 낮은 경우에는 부분균형분석 모형을, 다른 시장으로 파급효과가 큰 경우에는 일반균형분석 모형을 사용하도록 하였다. 혹은 두 방법을 결합할 수도 있는데, 정량적인 부분균형분석 모형과 정성적 일반균형분석 모형을 보완적으로 사용할 수 있다.

2023년도 수정안에서는 할인율의 개념에 대해서도 실질이자율의 하락에 기초하여 다음과 같이 개정되었다. 기본 할인율의 경우 최신 자료를 활용하여, 최근 경향을 반영할 수 있도록 하였다. 시간 선호를 반영하는 사회적 할인율의 경우 물가로 조정한 미국 국채의 장기 실질이자율을 활용하는데, 수정안에서는 실질이자율 추정 기간을 재조정하였다. 2003년 안에서는 1973년부터 2002년까지 30년간의 할인율을 추정하였으나, 개정안은 2003년에서 2022년까지 미국 물가연동채권의 수익률과 소비자 가격지수를 고려하여 할인율을 3%에서 2%로 조정하고, 향후 3년마다 업데이트하도록 하였다.

기존 안에서는 규제가 투자에 부정적인 것으로 간주하여 정부 부채의 실질이자율 3%보다 더 높은 7%를 적용하도록 권장하였으나, 수정안에서는 규제가 투자에 유리할 수도 있음을 고려하여 자본의 그림자 가격(shadow price) 접근법을 사용한다. 자본 이동성을 갖춘 개방경제의 경우 1%, 외국자본의 흐름이 없는 폐쇄경제일 경우 1.2%로 적용받도록 하였다.

할인율을 내생적으로 결정하는 방법도 제안하였다. 위험 또는 부정적인 확률이 높은 결과가 예상되는 경우라면 사회적 할인율보다 높은 할인율을 적용하도록 권고하였다.

개정안에서는 미래 세대의 몫을 강조하여, 미래에 발생하는 편익과 비용을 더 낮은 비율로 할인할 것을 권고하였다. 또한 미래 세대를 고려하여 자연환경, 자연자본, 생태계 서비스 등도 비용편익분석에 접목시켜 자원이 축적된 수량 파악 및 시간에 따른 누적량의 변화를 측정하는 방법을 사용하도록 하였다.

개정안에서는 규제의 편익과 비용에 대해서 계층별로 영향평가를 하도록 규정하고 있다. 인종, 성별, 장애, 소득 등 계층별로 규제의 비용과 편익이 어떻게 분배되는지를 확인하도록 규정하였다. 그리고 특정 집단에 미치는 영향을 파악할 때 시간에 따라 변하는 가변성에 대해서도 파악하도록 권고하였다. 영향분석 시 집단 간의 가중치를 적용하는 것으로 확대되며, 상위 소득의 경우 한계효용체감의 법칙에 따라 하위 소득보다 편익의 실질 효과가 낮을 수 있기 때문에 탄력성의 개념 역시 도입하였다. 이외에도 소외계층과 저소득층의 환경 및 건강 문제에 관심을 기울일 것을 제시하였다.

개정안에서는 분배 효과에 대해서도 세밀하게 반영할 것을 권고하고 있다. 2003년도 안에서도 분배 영향을 고려하기를 권고하고 있지만 실제적으로 분배 효과는 거의 고려되지 않았다. 이에 따라 2023년도 개정안에서는 분배 효과를 실제적으로 반영할 수 있도록 더욱 상세한 지침을 제시하였다.

분배 효과 분석은 규제 대안을 더 효과적으로 고려할 수 있을 때 수행하는 것이며, 시행할 경우 각 대상별로 규제의 비용과 편익, 순비용 추정을 각각 진행하여야 하며, 규제 효과가 중요할 것이라고 생각되는 집단에 집중한다. 예를 들어 오염물질 감소 규제가 도입되었을 경우, 동일한 오염물질 감소에 대해서 기초건강 상태, 누적 노출 등의 원인으로 인해 영향이 다른 두 개의 집단이 있을 경우 비용과 편익의 상대적 차이가 발생할 수 있다.

법률이 저소득층 인구나 특정한 위험에 취약한 인구에 대한 특별한 우려를 명시하고 있다면 이러한 특정 명령 방식에 더욱 맞춤화하여 접근할 것을 규정하고 있다.

관리예산처(OMB)는 소득이 올라갈수록 1달러의 한계 효용이 얼마나 감소하는지에 대한 소득탄력성 추정치를 제공하여 소득계층별로 1달러당 한계 효용을 다르게 적용하도록 하였다.

동일한 맥락에서 2023년 개정안은 소외계층을 고려하도록 권고하였다. 규제가 소규모, 소수 단체에 영향을 받지만, 기술적으로 이에 대한 사회적 비용과 편익을 식별하기 어려운 경우라면 초기의 규제 유연성 분석을 통해 규제의 영향을 고려할 수 있도록 한 것이다.

추가적으로 미국 시민과 거주자에 대한 분석을 출발점으로 삼고 있으나, 외국인의 경우에도 적용의 가능성을 열어 놓았다. 이는 규제가 외국인에게 영향을 줄 때 외국인과 시장의 거래를 통해 자국민에게 간접적으로 규제의 영향을 끼칠 수 있기 때문이다. 미국 자국의 이익이 자국 영토 내에서만 국한되지 않고 분석 대상을 범국가적으로 넓혀 타당성을 논하며, 국제규제협력(Internaitional Regulatory Cooperation, IRC)에 참여할 것을 권고하고 있다.

제3절 일본의 규제영향평가

일본은 중앙부처 등의 개혁을 위해 2001년 1월부터 정책평가 제도가 도입되어 '정책평가에 관한 표준 지침'에 근거하여 정책평가가 본격 시작되었다(총무성, 2022). 이를 위하여 총무성에서는 평가 가이드라인 등의 책정·개정하고, 각 부처의 평가 결과에 대해 점검을 실시하는 등의 역할을 수행하고 있다.

1. 일본의 규제영향분석 지침서[7]

1) 규제의 목적, 내용 및 필요성

① 규제를 실시하지 않는 경우의 장래 예측(베이스라인)

지침서 내용
"규제의 신설 또는 개폐를 하지 않을 때 발생할 것으로 예상되는 상황"에 대해 명확하고 간단하게 기재한다. 덧붙여 이 '예측되는 상황'은 5~10년 후를 상정하고 있으나, 과제에 따라서는, 현재 상태를 기준선으로 할 수도 있으므로, 과제마다 판단할 것. (현재 상태를 기준선으로 하는 이유도 명기)

② 과제, 과제 발생의 원인, 과제 해결 수단의 검토(신설할 때는 비규제 수단과 비교하기보다 규제 수단을 선택하는 타당성을 검토)

지침서 내용
과제는 무엇인가. 과제의 원인은 무엇인가. 과제를 해결하기 위해 "규제" 수단을 선택한 경위(효과 합리적 수단으로서 "규제"와 "비규제"의 정책 수단을 각각 비교 검토한 결과, "제어 수단"을 선택한 것)를 명확하고 간결하게 기재한다.

2) 직접적인 비용의 파악

③ '준수 비용'은 금전 가치화(적어도 정량화는 필수)

지침서 내용
'준수 비용', '행정 비용'은 각각 정량화 또는 금전 가치화한 후에 추계해야 한다. 그러나 모두에서 금전 가치화 등은 어렵기 때문에 규제를 도입한 경우, 국민이 규제를 준수하기 위해 부담하는 "준수 비용"에 대해서는 특별한 이유가 없는 한 금전 가치화를 실시하여 적어도 정량화하여 명시한다.

---

[7] 법무성. (2018). 規制の事前評価書. https://www.moj.go.jp/content/001272937.pdf

④ 규제 완화의 경우 모니터링 필요성 등 '행정 비용' 증가 가능성에 유의

지침서 내용
규제 완화에 대해서는, 단순히 '완화함으로써 비용이 발생하지 않는다'라고 하는 것이 아니라, 완화로 인해 부정적인 영향이 발생하지 않는지 등의 관점에서 행정으로 모니터링해야 할 필요가 발생하는 경우가 있으므로, 해당 규제 완화를 검증하고, 필요에 따라 '행정 비용'으로서 기재해야 한다.

3) 직접적인 효과(편익)의 파악

⑤ 효과의 항목 파악과 주요 항목의 정량화는 가능한 한 필요

지침서 내용
규제의 도입에 따라 발생하는 비용을 정당화하기 위해 효과를 파악하는 것이 필수적이다. 정성적으로 설명하는 것은 최소한이지만 가능한 한 규제에 따라 "무엇이 얼마나 어떻게 되는가?", 즉 정량적으로 기재하는 것이 요구된다.

⑥ 가능하면 편익(금전 가치화)을 파악

지침서 내용
파악(추정)된 효과에 대해 가능한 경우 금전 가치화하여 '편익'을 파악하는 것이 바람직하다.

⑦ 규제 완화의 경우에는 그에 따라 삭감되는 준수 비용액을 편익으로 추계

지침서 내용
규제의 도입에 수반하고 있던 준수 비용은, 완화에 의해 소멸 또는 저감될 것으로 생각되지만, 이것은 완화로 인한 결과(효과)이기 때문에 완화로 인한 준수 비용액은 편익으로 추계할 필요가 있다. 또한 완화의 경우 규제가 도입된 상황이 발생하므로, 따라서 비용은 정성적이지 않고 금전 가치화하여 파악해야 한다.

4) 부차적인 영향 및 파급적인 영향의 파악

⑧ 해당 규제에 의한 마이너스의 영향도 포함한 '부차적인 영향 및 파급적인 영향'을 파악한다.

지침서 내용
부차적인 영향 및 파급적인 영향을 파악하고 기재한다. ※ 파급적인 영향 중 경쟁 상황에 미치는 영향에 대해서는 '경쟁 평가 체크리스트'의 결과를 활용하여 파악한다.

5) 비용과 효과(편익)의 관계

⑨ 밝혀진 비용과 효과(편익)의 관계를 분석하고, 효과(편익)가 비용을 정당화할 수 있을지 검증

지침서 내용
상기 2~4에 근거하여 비용과 효과(편익)의 관계를 분석하여 기재한다. 분석 방법은 다음과 같다. ① 효과(편익)가 여러 방안에서 거의 동일하다고 예측되는 경우나, 분명히 효과(편익)가 비용보다 큰 경우 등에 효과(편익)에 대한 자세한 분석을 하지 않고 비용의 크기 및 음의 측면을 중심으로 분석하는 비용 분석 ② 일정한 정량화된 효과를 달성하기 위해 필요한 비용을 추계하여 비용과 효과의 관계를 분석하는 비용 효과 분석 ③ 금전 가치화된 비용과 편익을 추계하여 비용과 편익의 관계를 분석하는 비용편익분석

6) 대체안과의 비교

⑩ 대체안은 규제의 옵션을 비교하는 것이며, 각 규제안을 비용·효과(편익)의 관점에서 비교하여 채용안의 타당성을 설명

지침서 내용
대체안은 "비규제 수단"이나 현상을 가리키는 것이 아니라, 규제 내용의 옵션(정합도)을 붙이고, 그 옵션과의 비교에 의해 도입하고자 하는 규제안의 타당성을 설명한다.

7) 기타 관련 사항

⑪ 평가의 활용 상황 등의 명기

지침서 내용
규제 검토 단계나 컨설팅 단계에서 사전 평가를 실시하고 심의회 및 이해 관계자로부터의 정보 수집 등에서 해당 평가를 이용한 경우에는 그 내용이나 결과에 대해 기재한다. 또한 평가에 사용된 데이터, 문헌 등에 관한 정보를 기술한다.

8) 사후 평가의 실시 시기 등

⑫ 사후 평가 실시 시기의 명기

지침서 내용
사후 평가는 규제 도입으로부터 일정 기간 경과 후에 행하는 것이 바람직하다. 도입한 규제에 대해서, 비용, 효과(편익) 및 간접적인 영향의 면에서 검증하는 시기를 사전 평가의 시점에서 명확하게 해 두는 것이 바람직하다. 덧붙여 실시 시기에 대해서는, 규제 개혁 실시 계획(2014년 6월 24일 각의 결정)을 근거로 한다.

⑬ 사후 평가 시 비용, 효과(편익) 및 간접적인 영향을 파악하기 위한 지표를 먼저 명확하게 한다.

지침서 내용
사후 평가 시 어떻게 비용, 효과(편익) 및 간접적인 영향을 파악하는지, 그 파악에 있어서 필요한 지표를 사전 평가 시점에서 명확하게 해두는 것이 바람직하다. 규제 내용에 따라서 사후 평가까지 모니터링을 수행하고 결과를 토대로 사후 평가를 수행해야 한다는 점을 유의한다.

2. 일본의 규제영향분석 사례

가. 사례(1) 규제 사전 평가서: 요양기관의 경영 정보에 관한 보고

일본의 규제영향분석 사례로 "전 세대 대응형의 지속 가능한 사회보장 제도를 구축하기 위한 의료보험법 등의 일부를 개정하는 법률안(공표 5년 (2023) 2월)"에 대한 규제사전평가서를 검토하고자 한다.

법률안 개요
규제의 명칭 : 개호 서비스 사업자의 경영 정보에 관한 보고
규제 구분: 신설○, 개정(확충, 완화), 폐지 ※ 어느 쪽에 ○표를 한다.
담당부국 : 후생노동성 노건국 치매 시책·지역 개호 추진과
평가 실시: : 2023년 1월

출처: "令和5年度規制影響分析書RIA)," 후생노동성, 2024a.
https://www.mhlw.go.jp/wp/seisaku/ria/2023/index.html

1) 규제의 목적, 내용 및 필요성

① 규제를 실시하지 않는 경우의 장래 예측(베이스라인)

RIA 내용
실태에 근거한 효율적인 개호 서비스 제공 체제의 구축을 위한 정책 검토나 개호 종사자 등의 처우 개선을 위한 검토 등에 기여한다는 관점에서 경영 정보의 수집 및 파악을 진행하는 것이 중요함. 간호 직원의 처우 개선을 추진하기 위해, 개호 서비스 사업자의 경영 상황에 대해서 의료법인과 마찬가지로 분석할 수 있는 체제의 구축이 요구되고 있기 때문에, 데이터베이스를 구축하기 위한 보고 규정을 제공함. 규제를 신설하지 않는다면, 개호 서비스 사업소의 경영 영향을 근거로 한 적시의 지원에 대해 보다 상세한 실태 파악에 근거하는 정책의 기획·입안의 추진이 어려우며, 실태를 근거로 간호 직원의 처우 개선의 대처가 진행되지 않을 우려가 있음.

② 과제, 과제 발생의 원인, 과제 해결 수단의 검토(신설할 때는 비규제 수단과 비교하기보다 규제 수단을 선택하는 타당성을 검토)

RIA 내용
현행 개호 서비스 사업자의 경영 상황의 파악에 대해서, 개호 사업 경영 실태 조사는 3년에 1회의 개호 보수 개정을 목적으로 한 조사이며, 매년 경영 상황의 변화를 확인할 수 없음. 개호사업 경영실태조사는 전체가 아니라 표본 조사이므로, 전 사업소의 상황을 파악할 수 없으며 법률에 근거하는 조사가 아니어서 응답률이 높지 않은 등의 지적이 있음. 따라서 정기적으로 개호 서비스 사업자의 경영 상황을 파악하고, 실제 상황에 따른 지원 조치를 정확하게 검토하기 위해 법률 규정에 따라 개호 서비스 사업자로부터 경영정보의 보고를 정기적으로 요구하기 위하여 본 규제를 마련할 필요가 있음.

2) 직접적인 비용의 파악

③ '준수 비용'은 금전 가치화(적어도 정량화는 필수)

RIA 내용
【준수 비용】 개호 서비스 사업자가 경영 정보를 보고할 의무가 발생함. 그러나 개호 서비스 사업자가 이미 보유하고 있는 정보를 중심으로 온라인으로도 보고를 할 수 있게 하여, 새롭게 입력해야 할 항목을 줄이는 등의 대응을 실시할 예정이며, 금전적 비용은 발생하지 않음. 【행정 비용】 국가 및 도도부현에서 개호 서비스 사업자의 경영 정보에 대한 조사·분석 등을 실시하는 비용이 발생함.

④ 규제 완화의 경우 모니터링 필요성 등 '행정 비용' 증가 가능성에 유의

(규제 신설이므로 해당 없음.)

3) 직접적인 효과(편익)의 파악

⑤ 효과의 항목 파악과 주요 항목의 정량화는 가능한 한 필요

RIA 내용
본 규제가 신설되면, 전국의 개호 서비스 사업소·시설의 수익 및 비용 등의 정보를 파악·분석할 수 있고, 개호 서비스 사업자를 위한 정확한 지원책의 검토나, 실태를 근거로 한 개호 종사자 등의 처우 개선을 위한 검토에 활용할 수 있으며, 분석 결과를 공개함으로써 국민이 개호에 놓여 있는 현상·실태의 이해 촉진에도 기여한다는 효과를 기대할 수 있음.

⑥ 가능하면 편익(금전 가치화)을 파악

RIA 내용
효과(편익)에 대해 구체적인 금액으로 금전 가치화하는 것은 어려움이 있음.

⑦ 규제 완화의 경우에는 그에 따라 삭감되는 준수 비용액을 편익으로 추계

RIA 내용
규제 신설이므로 해당하지 않음.

4) 부차적인 영향 및 파급적인 영향의 파악

⑧ 해당 규제에 의한 마이너스 영향도 포함한 '부차적인 영향 및 파급적인 영향'을 파악한다.

RIA 내용
부차적인 영향은 예상되지 않음.

5) 비용과 효과(편익)의 관계

⑨ 밝혀진 비용과 효과(편익)의 관계를 분석하고, 효과(편익)가 비용을 정당화할 수 있을지 검증

RIA 내용
본 규제가 신설되면, 개호 서비스 사업자는 자신의 경영 정보의 보고에 대해 일정한 부담이 발생함. 그러나 보고 시 입력되는 항목을 줄이는 등 부담을 감소시켜주고, 개호 서비스 사업자의 경영 정보를 도도부현 및 국가가 파악함으로써 경영 영향에 근거한 정확한 지원책을 검토하는 등, 실태를 근거로 한 정책의 기획 입안의 추진에 기여하기 때문에 본 규제의 내용은 적당하다고 판단됨.

6) 대체안과의 비교

⑩ 대체안은 규제의 옵션을 비교하는 것이며, 각 규제안을 비용·효과(편익)의 관점에서 비교하여 채용안의 타당성을 설명

RIA 내용
개호 서비스 사업자에게 경영 정보의 보고를 의무로 하게 됨. 이 경우, 의무의 준수에 대해서는 개호 서비스 사업자 측의 판단에 맡기게 되어, 지원책의 검토 등을 위해 필요한 일정량의 정보를 수집하지 못하고 실태에 기초한 정확한 정책 기획 입안을 충분히 할 수 없는 우려가 있음.

7) 기타 관련 사항

⑪ 평가의 활용 상황 등의 명기

RIA 내용
없음.

8) 사후 평가의 실시 시기 등

⑫ 사후 평가 실시 시기의 명기

RIA 내용
이 법의 시행 후 5년을 목표로, 이 법 개정 후 각 법률의 시행 상황을 고려하고 필요하다고 인정될 때는 개정 후 각 법률의 규정에 대해 검토하고, 그 결과에 따라 필요한 조치를 취한다.

⑬ 사후 평가 시 비용, 효과(편익) 및 간접적인 영향을 파악하기 위한 지표를 먼저 명확하게 한다.

RIA 내용
지표 설정이 어려움.

나. 사례(2) 재생 의료 등의 안전성 확보 등에 관한 법률 및 임상 연구법의 일부를 개정하는 법

일본의 규제영향분석의 두 번째 사례로 "재생 의료 등의 안전성 확보 등에 관한 법률 및 임상 연구법의 일부를 개정하는 법률"을 살펴보고자 한다. 법률 개정의 목적은 연구 목적으로 연구 대상자의 심신에 현저한 부담을 주는 검사 등을 통상의 의료 제공에 추가해 실시하는 연구가 임상 연구법의 대상이 되는지를 명확히 하는 것이다.

〈규제 사전 평가서〉

법률안 개요
규제의 명칭 : 재생의료 등의 안전성 확보 등에 관한 법률의 적용 대상에게 세포 가공물을 이용하지 않고 유전자 치료 등의 추가
규제 구분: 신설, 개정(확충○, 완화), 폐지 ※어느 쪽에 ○표를 한다.
담당부국 : 후생노동성 의정국 연구개발정책과
평가 실시: 2023년 2월

출처: "規制の事前評価書," 후생노동성, 2024b.

1) 규제의 목적, 내용 및 필요성

① 규제를 실시하지 않는 경우의 장래 예측(베이스라인)

RIA 내용
세포 가공물을 사용하지 않는 유전자 치료 등을 재생 의료 등의 안전성 확보 등에 관한 법률(2013년, 법률 제85호. 이하「재생의료 등 안전성 확보법」이라고 한다.)의 적용 대상에 추가함으로써, 현재 법의 적용 대상이 되는 세포 가공물을 이용한 의료 기술을 이용하여 행해지는 의료와 마찬가지로, 제공할 때 제공계획의 제출 등을 의무화하는 것으로 한다. 또한 해당 의료에 사용되는 물품(※ 의약품 의료기기 등 법의 승인을 받은 의약품 및 재생의료 등 제품을 제외)을 제조건설할 때, 현재 허가 등의 대상이 되고 있는 특정 세포 가공물의 제조와 마찬가지로, 후생노동장관의 허가 등을 받아야 한다(제조시설을 의료기관에 설치하는 경우, 의약품, 의료기기 등의 품질, 유효성 및 안전성의 확보 등에 관한 법률(1955년 법률 제145호)에 의거 재생 의료 등 제품의 제조업의 허가를 받고 있는 경우 등에는 신고로 한다). 해당 조치를 취하지 않는 경우, 세포 가공물을 사용하지 않는 유전자 치료 등에 대해서, 세포 가공물을 이용하고 의료 기술을 사용하여 수행되는 의료와 마찬가지로 감염의 전파와 같은 위험이 있음에도 불구하고, 리스크에 대한 대응을 도모하지 못하고, 해당 의료의 신속하고 안전한 제공 및 보급의 촉진에 지장이 발생할 우려가 있다.

② 과제, 과제 발생의 원인, 과제 해결 수단의 검토(신설할 때는 비규제 수단과 비교하기보다 규제 수단을 선택하는 타당성을 검토)

RIA 내용
세포 가공물을 사용하지 않는 유전자 치료 등은 현행법의 대상이 되는 세포 가공물을 사용하는, 재생 의료 등과 마찬가지로 감염증의 전파 및 암으로 전화 등의 위험이 있기 때문에, 제공 계획 등을 의무화하며, 해당 의료에 사용하는 물건의 제조에 대해 허가 등의 제도를 마련하는 등 현행 재생 의료 등 안전성 확보법의 각 규제보다 해당 리스크의 대응을 도모할 필요가 있다. 이 때문에, 세포 가공물을 사용하지 않는 유전자 치료 등을 재생 의료 등의 안전성 확보 등에 관한 법률 적용 대상에 추가하는 것이 적절하다.

2) 직접적인 비용의 파악

③ '준수 비용'은 금전 가치화(적어도 정량화는 필수)

RIA 내용
준수하는 비용으로서, 세포 가공물을 사용하지 않는 유전자 치료 등을 제공하고자 하는 의료기관이 후생노동대신에게 제공 계획을 제출하는 등의 비용이 발생한다. 또한, 의료에 사용되는 제품 생산하는 사업자에게는, 제조에 관한 후생노동대신의 허가 등의 신청이나 신고 등을 실시하기 위한 비용이 발생한다. 행정 비용으로서, 세포 가공물을 사용하지 않는 유전자 치료 등의 제공 계획의 승인이나 해당 의료를 제공하는 의료기관의 점검 등을 실시하기 위한 비용이 발생한다. 또한 해당 의료에 사용되는 제품을 제조하는 사업자의 허가 등에 관한 업무나, 신고 접수, 제조 사업자를 점검하는 등의 비용이 발생한다.

④ 규제 완화의 경우 모니터링 필요성 등 '행정 비용' 증가 가능성에 유의

RIA 내용
(규제 확충이므로 해당 없음.)

3) 직접적인 효과(편익)의 파악

⑤ 효과의 항목 파악과 주요 항목의 정량화는 가능한 한 필요

RIA 내용
세포 가공물을 사용하지 않는 유전자 치료 등에 관해서는, 그 치료를 제공할 때 발생할 리스크에 대한 대응으로서, 제공 시 제공 계획의 제출 등을 의무화함과 동시에 해당 의료에 사용되는 물질의 안전성을 확보하기 위해 제조 허가를 받으라고 의무를 부과하므로, 해당 의료의 신속하고 전체적인 보급의 촉진이 도모되어 의료의 질 및 보건 위생의 향상에 기여하게 된다.

⑥ 가능하면 편익(금전 가치화)을 파악

RIA 내용
금전 가치화하는 것은 어려움.

⑦ 규제 완화의 경우에는 그에 따라 삭감되는 준수 비용액을 편익으로 추계

RIA 내용
규제 확충이므로, 해당 없음.

4) 부차적인 영향 및 파급적인 영향의 파악

⑧ 해당 규제에 의한 부의 영향도 포함한 '부차적인 영향 및 파급적인 영향'을 파악한다.

RIA 내용
부차적인 영향 및 파급 효과는 예상되지 않음

5) 비용과 효과(편익)의 관계

⑨ 밝혀진 비용과 효과(편익)의 관계를 분석하고, 효과(편익)가 비용을 정당화할 수 있을지 검증

RIA 내용
이 조치는 위에서 설명한 대로 추가 준수 비용과 행정 비용을 발생시킬 것으로 예상되는 반면, 가공물을 사용하지 않는 유전자 치료 등으로 안전성이 충분히 확보되지 않은 것이 제공된 경우, 환자의 건강에 피해가 발생할 우려가 있으며, 재생 의료 등의 보급이 방해받는 사태가 될 수도 있음. 따라서 이 조치는 세포 가공물을 사용하지 않는 유전자 치료와 같은 안전한 제공 및 보급을 촉진함. 의료의 질 및 보건 위생의 향상에 기여하는 효과(편익)가 비용을 크게 상회한다고 생각되기 때문에 이 조치는 적절하다고 봄.

6) 대체안과의 비교

⑩ 대체안은 규제의 옵션을 비교하는 것이며, 각 규제안을 비용·효과(편익)의 관점에서 비교하여 채용안의 타당성을 설명

RIA 내용
대안으로서, 세포 가공물을 사용하지 않는 유전자 치료 등에 관한 제공 계획의 제출 등을 노력 의무로 하고, 또, 당해 의료에 사용하는 제품의 제조에 대한 허가 등을 받는 것을 요구하지 않고, 제조한 취지의 사후 보고만을 요구하는 경우, 해당 의료를 제공하기 전에 해당 제공 계획이 재생 의료 등 제공 기준에 적합한지 확인할 수 없음. 또한 해당 의료에 사용되는 제품이지만 안전성이 확보되지 않은 제품이 제조되는 등 안전성이 충분히 확보되지 않은 의료가 환자에게 제공되어 환자에게 건강 피해가 발생할 우려가 있으므로, 본 조치가 타당함.

7) 기타 관련 사항

⑪ 평가의 활용 상황 등의 명기

RIA 내용
본 조치는 후생과학심의회, 재생 의료 등 평가부 회의에서 2022년 6월 3일에 정리됨. '재생의료 등 안전성 확보법 시행 5년 후의 재검토에 관한 검토의 정리'를 근거로 한 것임.

8) 사후 평가의 실시 시기 등

⑫ 사후 평가 실시 시기의 명기

RIA 내용
본 법안의 시행 후 5년을 목표로, 본 법안 개정 후의 재생 의료 등 안전성 확보법을 시행하여 그 상황 등을 고려하고, 필요하다고 인정될 때, 본 법안에 의한 개정 후의 재생의료 등 안전성 확보법의 규정에 대한 검토를 더해, 그 결과에 근거해 필요한 조치를 강구하는 것으로 함

⑬ 사후 평가 시 비용, 효과(편익) 및 간접적인 영향을 파악하기 위한 지표를 먼저 명확하게 한다.

RIA 내용
지표 설정은 어려움.

제4절 시사점

주요 국가에서는 규제영향분석을 위해 다음과 같은 요소들이 중점적으로 다루어지고 있다.

규제영향평가는 정책 도입 전에 규제의 타당성과 효과를 검토하는 중요한 도구로, 비용-편익 분석을 기본으로 하되 다양한 분석 기법을 병행해 종합적인 판단을 가능하게 해야 하며, 또한 규제의 필요성은 명확한 인과관계를 통해 입증하여 불필요한 규제를 최소화하고, 실질적 정책 목적 달성에 기여할 수 있도록 하고 있다(안혁근, 2014).

의사결정 프로세스 전체에서 영향평가서의 활용을 도모하기 위해 심의회나 연구회에서 논의할 때, 이해관계자가 조정할 때 영향평가서를 활용하는 것을 전제로 한다. 영국에서는 현 정부가 보여주듯이 100억 파운드의 규제 부담을 줄이는 목표를 내걸고 있으며, 부처의 특성에 따른 영향평가를 실시하거나, 제삼자 평가 기관인 규제정책위원회의 위원이 다양한 관점을 가진 전문가를 임명하여, 일정한 사회적, 환경적 관점이 추가된 규제 개혁 방침을 도입하고 있다.

그러나 우리나라의 규제 책정 프로세스는 연구회·심의회 등에 의한 규제 검토나 이해관계자로부터 의견 청취를 하기 위해 영향평가서를 논의하고 이를 토대로 영향평가서를 정책에 활용하는 것으로는 보이지 않는다.

영국은 규제 수립 과정에서 영향평가서를 활용하는 것이 필수적이다. 또한 이해관계자와 컨설팅을 할 때, 영향평가서를 활용하여 검토할 의무가 있으며, 규제정책위원회가 영향평가서의 심사를 절차 과정에서 수행하고 강한 환류 기능을 작동시킴으로써 영향평가서의 질적 수준을 담보하고 있다.

따라서 규제영향평가는 정책 입안 초기부터 작성되어야 하며, 전 과정에 걸쳐 실질적인 결정 자료로 활용되어야 하며 단순한 형식적 절차로 전락하지 않도록 정책 설계 전반에서 평가의 역할을 강화해야 한다(안혁근, 2014). 아울러 시민과의 소통도 중요하므로 규제의 분배 효과와 사회적 영향에 대한 정보는 시민에게 공개되고, 참여를 통해 다양한 시각이 반영되어야 한다(안혁근, 2014).

규제영향평가를 담당 인력의 역량이라는 관점에서, 각 소관부처 내 영향평가의 검증을 담당하고 있는 인력의 역량을 향상시키기 위한 교육 등의 과정이 부족하다. 국무조정실 등에서는 규제영향평가 관련 교육 및 매뉴얼이 일부 준비되어 있으나, 영국과 같이 영향평가 담당기관의 직원이 영향평가의 검증 스킬을 보유한 경제학자나 사회학자 등이 함께 업무를 수행하고 다양한 관점에서 영향평가 결과를 논의하는 과정은 부족하다고 할 수 있다. 영향평가를 포함한 더 나은 규제를 위한 인력을 대상으로 영향평가 기법 및 교육 매뉴얼을 부처 특성에 맞게 수립하고, 직원 능력 향상을 도모하기 위한 인재 육성 가이드라인이 확립되어, 각 부처의 정보 공유 및 공통 과제 해결을 위해 규제 단위의 정보를 공유할 수 있는 체계를 마련할 필요가 있다.

과도한 규제로 인한 사회적 비용을 줄이기 위해서는 규제의 파급력을 사전에 정량화하고, 그 결과에 따라 적정한 평가 방식과 범위를 적용하는 것도 필요하다(안혁근, 2014).

다만, 규제의 흐름을 조절함으로써 규제 비용의 안정화를 도모하고, 이를 통해 국가 경제 전반의 경제적 효율성을 높인다는 우리 정부의 규제비용총량제 기본 취지 자체는 문제 될 것이 없지만, 규제의 비경제적 목표인 '배분적·사회적 정의(distributional or social justice)'와는 상충하는 문제를 가지고 있으므로 이에 대한 재검토가 필요하다(초성운 외, 2015).

제4장

보건복지 규제 개선 현황 분석 및 규제영향분석

제1절 보건복지 분야의 규제 개선 현황
제2절 퇴원환자 지원 사업 관련 정량적 규제영향분석
제3절 건강정보교류에 대한 정성적 규제영향분석

제**4**장 보건복지 규제 개선 현황 분석 및 규제영향분석

제1절 보건복지 분야의 규제 개선 현황

1. 보건복지부의 규제 개선 과제 추진 현황

2021년의 규제 개혁 과제는 5개의 핵심 분야별로 중점 추진 분야를 구분하고, 중점 추진 분야별로 다음의 세부 과제를 발굴하여 제도 개선을 추진하는 방식으로 운영되었다(이종한 외, 2022).

〈표 4-1〉 2021년 규제 개혁 과제 및 추진 실적

분야	중점 추진 분야	추진 실적
혁신 제도	비대면 진료	- 재외국민 비대면 진료 관련 제도화를 위해 5개 기업 규제 샌드박스 임시 허가 추진 - 비대면 진료 제도 기반 마련을 위해 의료법 개정 추진
	샌드박스 성과 확산	- DTC 유전자검사기관 인증제를 통한 웰니스 항목 개선을 위해 생명윤리 및 안전에 관한 법률 시행규칙 및 보건복지부 고시 개정 - 이·미용업 영업장 공동사용 허용을 위해 공중위생관리법 시행규칙 개정
	적극 행정	- 격리병동 내 이동형 CT 사용 허가를 위해 진단용 방사선 발생장치의 설치 및 운영에 관한 규칙 개정 추진 - 간호조무사 교육 시간 특례를 통한 개선을 위해 실습이 어려운 경우 시험 응시한 후 추후 실습교육 보완이 가능하도록 간호조무사 및 의료유사업자에 대한 규칙 개정
	로드맵	- 바이오헬스 선제적 규제 혁신 로드맵 마련을 위해 선제적 규제 혁신 로드맵 마련

분야	중점 추진 분야	추진 실적
신산업	D.N.A 생태계	- 소규모 기관의 보건의료데이터 심의위원회 운영 부담 해소, 현장의 데이터 제공 및 사용 시 거래 편의 지원 등을 반영하도록 보건의료 데이터 활용 가이드라인 개정 - 전자의무기록(EMR) 인증 기준 개선하여 EMR 기능 모듈별 인증을 신청하고 해당 모듈에 대해 적합성을 검증하여 인증을 부여하는 체계로 개선하도록 전자의무기록 시스템 인증 기준 개정
사업장 현장 애로	바이오 의료산업	- 건강관리서비스 인증제 도입을 위해 건강관리서비스 인증체계 마련 방안 연구 및 인증제 도입 추진 - 재활로봇 의료기술에 대한 수가체계 개선을 위해 재활로봇 활용 보행치료 수가 조정 검토 및 건강보험적용범위 확대방안 검토
	인허가 절차 합리화	- 어린이집 설치 인가 서류 간소화를 위해 어린이집 인가 신청 시 '정보공개시스템' 등을 통해 원장 자격을 확인할 수 있는 경우 원장 자격 증명서류 제출 제외 등 영유아보육법 시행규칙 개정
	참여기회 제한완화	- 장애인 가족지원사업 수행기관 설치 규정 완화를 위해 장애인 복지사업 수행기관 인력 기준을 장애인 생활시설 수준으로 완화하도록 장애인복지법 시행규칙 개정 - 아동학대 예방교육 수강 가능 기관 범위 확대를 위해 다양한 기관에서 예방교육을 수행할 수 있도록 아동복지법 시행령 개정 - 특수의료장비 설치 인정 기준 개선을 위해 특수의료장비 설치 인정 기준 개선 방안을 마련하도록 특수의료장비의 설치 및 운영에 관한 규칙 개정 - 공중위생영업 위생교육 실시 방법 개선을 위해 영업정지 또는 과징금 등의 행정처분 대상과 과태료 부과 대상을 분리하도록 공중위생관리법, 시행령, 시행규칙 개정 - 공중위생관리법 위반 사항의 이중 제재 처분 개선을 위해 온라인 위생교육 도입 및 65세 이상 영업자 위생교육 책자 배부를 대체 가능하도록 공중위생법 시행규칙 개정
국민 부담	급여서비스 지원 기준	- 기초생활 생계급여 부양의무자 기준 단계적 폐지를 위해 기초생활보장사업 안내 지침 개정 - 긴급복지 위기 사유 조정을 위해 휴폐업 신고 후 경과 규정 및 간이과세자 한정 기준 폐지, 출소자의 구성 가족이 20세 이하 자녀가 학생인 경우도 위기 사유를 인정하도록 사유 고시 개정 - 산모·신생아 건강관리 지원사업 소득 기준 삭제를 위해 모자보건법 시행령 개정

분야	중점 추진 분야	추진 실적
국민 불편	급여체계 기준	- 장애 인정 기준 완화 및 권리구제 절차 강화를 위해 장애인으로 등록할 수 있는 질환 확대 및 장애 판정 기준 미해당 지도 장애로 심사.인정할 수 있는 예외적 장애심사제도를 마련하도록 장애인복지법 시행령 및 시행규칙, 관련 고시 개정 - 암환자 의료비 지원사업 개선을 위해 의료급여 수급권자인 성인 암환자 의료비 지원 시 급여.비급여 구분 없이 통합하여 지원하도록 암환자에 대한 의료비 지원 기준 등에 관한 고시 개정 - 영유아, 소화기 및 심장질환 관련 급여 기준 확대를 위해 영유아에게 시행하는 검사, 소화기 질환에 시행하는 검사 및 시술의 적응증, 횟수, 개수 개선하여 적용하도록 요양급여의 적용 기준 및 방법에 관한 세부 사항 고시 개정 - 의료급여 정액 수가 개선으로 혈액투석 회당 정액제를 매년 건강보험 수가 인상(하)률 만큼 자동조정, 정신요법료 별도 진료비 산정 행위별 수가로 전환하도록 의료급여 수가의 기준 및 일반기준 개정
	절차적 편익	- 맞춤형 급여 안내(복지멤버십) 개선을 위해 사회보장급여법 개정 - 장기 등 기증 신청 시 구비서류 통합 간소화를 위해 장기이식법 시행규칙 개정 및 기존 서식 간소화 - 진료기록 열람 및 사본 발급 신청 시 요건을 완화하여 친족의 진료기록 열람 및 사본 발급 요청 시 환자의 신분증 사본 제출 없이 다른 구비 서류만으로 발급이 가능하도록 의료법 시행규칙 개정 - 보육료(양육수당) 지원신청서 처리 기한을 단축(30일→10일)하도록 영유아보육법 시행규칙 개정 - 재난적 의료비 신청기한 완화를 추진하여 의료기관에 입원 중인 사람이 재난적 의료비를 의료기관에 직접 지급할 것을 신청하는 경우 기초생활수급자, 장애인연금 수급자, 장애아동수당 수급자, 차상위계층, 본인부담 경감자는 퇴원일 3일 전까지 공단에 제출하도록 재난적 의료비 지원에 관한 법률 시행규칙 개정
	참여 기회 확대	- 발달장애인 가족휴식 지원사업 참여 대상 기준을 코로나19 상황을 고려하여, 참여 대상 기준을 2가족 이상에서 1가족 이상으로 완화 - 노인일자리(공익형) 참여기준 개선을 위해 「국민기초생활 보장법」에 의한 생계급여 수급자는 신청 제외하되 의료급여 수급자는 신청할 수 있도록 2021년 노인일자리 및 사회활동 지원사업 운영안내 지침 개정

출처: "보건복지 규제개선 성과분석 및 발전방안 수립," 이종한 외, 2022.

    2022년 규제 개혁 과제는 4개의 핵심 분야별로 중점 추진 분야를 구분하고, 중점 추진 분야별로 다음의 세부 과제를 발굴하여 제도 개선을 추진하였다.

〈표 4-2〉 2022년 규제 개혁 과제 및 추진 실적

분야	중점 추진 분야	추진 실적
규제 혁신 플랫폼	샌드박스 성과 확산	- 재외국민 비대면 진료 제도화를 위한 법적 근거 마련을 위해 의료해외진출법, 의료법 등 개정 - 공유미용실 제도화를 위해 동일한 영업장 내의 2개 이상 미용업 간에 시설 및 설비 공유를 허용하는 공중위생관리법 시행규칙 개정
	규제 챌린지	- 인간 대상 연구 동의요건 개선을 위해 연구 대상자의 동의 면제 요건을 갖춘 경우에는 대리인의 서면동의도 면제 허용하여 소아과 질환 기록연구 등 연구 범위를 확대하는 생명윤리법 개정 추진
	바이오헬스	- 바이오헬스 규제 샌드박스 추진을 위해 보건의료기술진흥법 개정 추진
신산업	D.N.A 생태계	- 전자의무기록(EMR) 인증 기준 개선을 위해 클라우드 도입 시 참조할 수 있도록 전자의무기록(EMR) 인증심사 안내서 개정 등 전자의무기록(EMR) 인증심사 안내서 등 개정 - 보건의료 데이터 연계·개방 확대
	바이오 의료산업	- 디지털 치료기기에 대한 건강보험 적용 방안 마련을 위해 혁신의료기술, 요양급여 수가 산정 방식, 임상연구 평가요소, 사용률 및 사용량 관리방안 등을 반영하여 국민건강보험 요양급여 기준에 관한 규칙 개정
사업장 현장 애로	인허가 절차요건 합리화	- 사회복지관 인력 기준을 마련하고 인력 기준 세부 내용 규정의 이행력 강화를 위해 사회복지사업법 시행규칙 개정 - 의료기관 개설·개설 변경 신고 서류의 간소화를 위해 행정정보 공동이용을 통해 확인 가능한 경우 별도 자료 제출 절차를 폐지하는 의료법 시행규칙 개정 - 공중위생 영업자 직권말소 절차 간소화를 위해 처분 사전통지 및 공고 절차로 청문 대체토록 공중위생관리법 개정 - 설치기간이 지난 분묘의 처리 방법 개선을 위해 인터넷 신문 또는 장사 정보시스템 공고 방식을 추가하도록 장사 등에 관한 법률 시행규칙 개정 추진 - 어린이집 변경인가 이력서를 도입하여 폐지된 어린이집의 변경인가 상황 등 운영 이력을 확인할 수 있는 서류의 근거 및 서식을 마련하여 발급하도록 영유아 보육법 시행규칙 개정
	영업규제 완화	- 특수의료장비 설치 인정 기준 개선을 위해 공동 활용 병상 안정을 폐지하여 병상 확보 수 등 시설 기준을 완화하고 예외 인정 기준을 확대하도록 특수의료장비의 설치 및 운영에 관한 규칙 개정 - 사회복지시설 종사자 대체인력 지원 기준 완화를 위해 조리직 및 시설추천 단기 돌봄직을 운영할 경우 65세 이하로 연령 제한을 완화하고 동일한 종사자에 대한 대체인력 파견 기간을 병가 등 특정 사유 발생 시 최대 60일까지 가능하도록 완화하도록 사회복지시설 종사자 대체인력 지원사업 지침 개정

분야	중점 추진 분야	추진 실적
	시설 입지 요건 완화	- 집합건축물 숙박업 시설 기준 개선을 위해 시설 기준에 층별 구분 기준을 추가하여 객실이 층별로 구성된 경우 객실 수와 관계없이 영업 신고가 가능하도록 공중위생관리법 시행규칙 개정 - 아동복지시설 설치 기준 완화를 위해 지역아동센터, 아동그룹홈 등 아동복지시설이 개인신고시설에서 사회적협동조합 등 비영리 법인으로 전환 시 기존 장소에서 계속 시설을 운영할 수 있도록 허용하여 부담 완화하는 아동복지법 시행규칙 개정
	기준 제한 합리화	- 응급구조사 업무 범위 조정을 위해 기존 시범사업 등으로 실행 가능성이 확인된 업무(9종)를 검증한 후 업무 범위 조정을 실시하는 응급의료에 관한 법률 시행규칙 개정 - 목욕장 수질 기준 개선을 위해 쉽게 산화되는 성질이 있는 염소의 경우 현행 기준을 유지하되 최대 1mg/L를 넘지 않도록 하는 단서를 신설하는 공중위생관리법 시행규칙 개정 - 의약품 등의 판매질서 개선(근거 명확화)을 위해 특정 질병의 전문약국이라고 환자에게 알리고 환자에 대하여 진단을 목적으로 한 건강상담을 통하여 일반의약품을 판매하는 행위를 금지하도록 약사법 시행규칙 개정 - 사회서비스 제공자 행정처분 가중처분 기준 명확화를 위해 사회서비스 제공자 가중처분 적용 시점을 "위반행위를 적발한 날"로 명확히 규정하는 사회서비스 이용 및 이용권 관리에 관한 법률 시행규칙 개정 - 공중위생관리법 위반 사항의 이중 제재 처분 개선을 위해 영업정지 (또는 과징금) 등의 행정처분 대상과 과태료 부과 대상을 분리하는 공중위생관리법, 시행령, 시행규칙 개정
국민불편 부담	급여 기준 완화	- 의료급여 부양의무자 기준 완화를 위해 의료급여 부양의무자 가구에 기초연금 수급 노인이 포함된 경우는 부양의무자 기준 미적용 - 긴급지원 대상 범위 확대를 위해 정신건강사업에 따라 자살 고위험군으로 관리되는 자살 의도자도 긴급지원 대상으로 인정하도록 위기상황으로 인정하는 사유 고시 개정 - 가정양육수당 소급 지원 확대를 위해 출생아에 한정된 소급 규정을 일반화하여 보육료→양육수당 자격변경 신청 지연 시에도 부득이한 사유가 인정되는 경우 소급을 허용하는 영유아보육법 시행령 개정 - 호스피스 대상 호흡기 질환 확대를 위해 천식, 진폐증, 호흡부전 등 (질병코드 13종)도 호스피스를 받을 수 있는 호흡기 질환으로 확대하도록 하는 연명의료결정법 시행규칙 개정

분야	중점 추진 분야	추진 실적
	수급 대상 기준 개선	- 북한이탈주민 자녀 어린이집 입소 우선순위 부여를 위해 어린이집 입소 순위 대상자에 북한이탈주민 자녀를 포함하도록 영유아보육법 시행규칙 개정 - 신장장애인 재판정 불편 개선을 위해 재판정 주기를 2년에서 4년으로 연장하고 재판정 3회 동안 장애 상태 변화가 없는 경우 영구장애를 인정하여 재판정을 최소화하고 별도 자료 제출 없이 투석 기록지 등을 건강보험공단 등으로부터 직접 자료를 확인하도록 장애인복지법 시행령 및 장애정도판정기준(고시) 개정
	신청 방법 절차 개선	- 외국인 건강보험 직장가입자 자격취득 신고 첨부서류 간소화를 위해 행정정보 전산망을 통해 확인 가능한 경우는 첨부서류 제출을 면제하도록 국민건강보험법 시행규칙 개정 - 의료급여증 반납 간소화를 위해 요건 미충족과 수급권이 중지된 경우에는 수급권자가 분실 의료급여증을 자체 폐기하도록 의료급여법 시행규칙(제15조) 개정
	국민보호 제도 개선	- 학대피해아동에 대한 전학 절차 개선을 위해 아동학대 피해아동의 경우 보호자의 동의 없이 비밀 전학이 가능하도록 아동복지법 개정

출처: 보건복지부 내부자료, 2023.

2. 보건복지부 소관 법안의 폐지·완화 규제 현황 분석

우리나라에서 현재 추진되고 있는 규제비용감축제는 부처의 규제 비용 감축 목표를 설정하고, 폐지·완화 규제를 발굴하여 규제 비용을 절감하려는 제도이다.

국무조정실의 규제영향분석서 작성 지침에 따르면, 비용의 항목을 직접비용과 간접비용으로 구분하고 있으며, 직접비용을 다시 9가지 유형으로 구분하고 있다. 직접비용은 행정부담, 노동, 교육훈련, 외부 서비스 설비, 원재료, 운영, 지연, 기타 비용의 항목으로 구분된다(고효진, 이수아, 2017).

〈표 4-3〉 직접비용 및 간접비용의 범위

구분		범위
직접 비용	행정부담	정부 및 공공기관이 요구하는 문서 작성 및 제출에 소요되는 비용
	노동	규제를 준수하기 위해 소요되는 인건비
	교육훈련	교육 훈련 비용 및 교육 참여로 인한 기회비용 (대부분 인건비(시간당 임금)를 사용하여 측정하나 필요시 차별화된 지표로 산정)
	외부서비스	전문가 자문 비용, 시스템 위탁 비용 등 외부기관에 지출한 비용
	설비	기계장비 등의 기자재 구입 비용
	원재료	규제로 인해 사용된 각종 투입재 비용
	운영	규제로 인해 투입한 인력이 사용하는 사무용품 등 각종 용품 및 관리운영 비용(전기요금, 교통비, 보험료 등)
	지연비용	규제 이행에 따른 사업운영 지연으로 인한 영업손실 등 이익의 감소
	기타	그 밖에 규제를 준수하기 위하여 피규제자가 직접 부담하는 비용 등
간접 비용	수요감소	피규제 기업이 생산·공급하던 상품(서비스)에 대한 수요 감소
	매출감소	규제로 인한 비용 증가 발생 시 상품단가를 인상하게 되고 이로 인해 발생하는 매출의 감소
	기회비용	규제로 인해 기업이 기존의 생산·공급 및 영업방식 등을 새로운 방식으로 전환하게 됨에 따라 포기해야 하는 이윤 등

주: 정량적 비용산정이 어려운 비용 내역에 대해 정성적으로 서술하고 인용한 자료의 경우 그 출처를 반드시 표기
출처: "2022년 규제영향분석서 작성지침," 국무조정실, 2022, p. 46.

이에 보건복지부 소관 법안을 중심으로 2020~2023년에 입법 예고된 법령 중에 폐지·완화된 사례를 선별하였다. 「국민참여입법센터」에서는 입법 예고된 법안과 관련하여 규제영향분석서를 제공하고 있어, 이를 근거로 폐지·완화 규제 비용을 분석하고 검증하였다.

아래의 표에는 2020년부터 2023년 동안에 규제의 폐지 또는 완화를 통하여 규제 비용을 절감한 사례를 정리하였다. 2020년도의 규제 비용 절감 사례는 행정부담 절감, 지연 규제 절감, 설비규제 절감, 외부 서비스 절감 비용이 다수를 구성하였다.

2021년도에서는 행정부담 절감, 운영 비용 절감, 교육훈련 규제 완화에 따른 비용 절감의 성과가 있었던 것으로 나타났다. 그리고 2023년에도 행정 비용 절감, 운영 비용 절감, 노동 비용 절감의 성과를 보였다.

〈표 4-4〉 2020~2023년 폐지·완화된 규제

연도	안건명	규제 완화(비용감축) 내용	비용 항목	수혜자/ 비용 부담자
2020	공중위생관리법 시행규칙	○ 신고 서류 제출 간소화(목욕장업의 안전시설 등 완비증명서) ○ 신고 서류 간소화(영업자 지위 승계 시 상속의 경우 가족관계증명서를 전산 확인으로 대체) ○ 복수 미용 영업자는 모든 업종 위생교육을 받지 않고 주된 업종 위생교육만으로 갈음	행정 부담	기업/ 소상공인
2020	공중위생관리법 시행규칙	○ 모바일 건강보험증 발급	행정 부담	일반 국민
2020	국민건강보험법 시행령	○ 임신 출산 관련 진료비 지원 범위 확대 ○ 시행령 별표 2 타목 본인부담금 개선	지출 절감	일반 국민
2020	노인장기요양보험법 시행	○ 장기요양 인정 유효기간 연장(1년→2년)하여 갱신 비용 감소	행정 부담	일반 국민
2020	모자보건법 시행규칙	○ 신고 시 제출하는 행정서류 삭제	행정 부담	일반 국민
2020	배아 또는 태아를 대상으로 유전자검사를 할 수 있는 유전질환의 지정	○ 배아 또는 태아를 대상으로 유전자검사 가능한 질환의 추가 지정	지연	기업 소상공인
2020	신의료기술평가에 관한 규칙	○ 혁신의료기술 잠재성 평가범위 확대로 혁신 의료기술의 임상 사용 활성화	지연	기업 소상공인
2020	아동복지법 시행규칙	○ 아동복지시설 중 "지역아동센터" 시설 기준 완화(제24조 관련 별표 2 개정) - 현실적인 여건 등을 감안하여 시설 50m 주위에 노래연습장(청소년실을 갖춘 노래연습장에 한함)이 있는 부지에도 지역아동센터를 선정할 수 있도록 하여 지역아동센터의 운영 활성화	설비	기업 소상공인
2020	영유아보육법 시행규칙	○ 보육 우선 제공 대상 범위 확대 ○ 어린이집 유휴공간 활용 기준 완화	양육비 절감	일반 국민, 기업 소상공인
2020	영유아보육법 시행규칙	○ 어린이집 인가 신청 시 "정보공개시스템" 등을 통해 원장 자격을 확인할 수 있는 경우, 원장 자격 증명서류를 제외하고 제출하도록 제출 요건을 완화	행정 부담	기업 소상공인

〈표 4-5〉 2020~2023년 폐지·완화된 규제 (계속)

연도	안건명	규제 완화(비용감축) 내용	규제 비용 항목	수혜자/ 비용부담자
2020	응급의료에 관한 법률 시행규칙	○ 응급의료 전용 헬기 기령 완화(10년에서 15년)	설비	기업 소상공인
2020	의료급여법 시행령	○ 제3차 의료급여기관에서 경증질환으로 진료를 받은 경우 기금부담 조정(안 별표 1 제3호 마목) - 경증환자가 제3차 의료급여기관에서 외래 진료를 받는 경우 급여비용 총액의 100% 내에서 고시하는 금액을 기금에서 부담 ○ 행정처분 감경 상한 설정(안 별표 2 제1호 및 안 별표 3 제3호) - 행정처분 감경 시 업무 정지 기간 또는 과징금 금액의 1/2 범위에서 감경할 수 있도록 감경 상한 설정 ○ 제3차 의료급여기관의 지정취소 규정을 재량 규정으로 정비(안 별표 2 제2호) ○ 신고포상금 상향 조정(안 별표 4)	지출 절감	일반 국민, 기업 소상공인
2020	의료기관이 아닌 유전자검사기관이 직접 실시할 수 있는 유전자검사에 관한 규정	○ DTC 검사항목 12개(유전자 제한)→56개 확대(유전자 제한 없음)	지연	기업 소상공인
2020	임상연구의 요양급여 적용에 관한 기준	○ 감염병 등 임상연구 신속 절차 마련(안 제4조 제6항 수정, 제6조의 2 및 제7조의 2 신설 등) - 의뢰자 주도 임상연구 중 법정 감염병 등 임상연구와 관련한 긴급한 결정이 필요한 경우 임상연구 급여 전문평가위원회를 거쳐 30일 이내에 심의하는 신속 절차 마련 ○ 첨단재생의료 임상연구 심의 절차 내용 추가 (안 제4조 및 별지 제1호, 제2호 수정 등) - 첨단재생의료 및 첨단바이오의약품 심의위원회에 임상연구 계획 심의와 요양급여 적용 결정 신청을 함께 한 경우의 절차 및 서식 등을 규정	행정부담	기업 소상공인

〈표 4-6〉 2020~2023년 폐지·완화된 규제 (계속)

접수 번호	안건명	규제 완화(비용감축) 내용	규제 비용 항목	수혜자/ 비용부담자
2020	장기 등 이식에 관한 법률 시행규칙	○ 장기이식등록기관, 이식의료기관 등 신청시 민원인이 제출해야 하는 서류를 접수기관이 행정정보 공동이용을 통해 확인할 수 있도록 근거를 마련하고, 관련 서식을 정비하려는 것이므로 신설 - 강화규제에 해당하지 않음 ○ 시행규칙으로 위임된 국외 이식자가 제출할 서류 등 세부 사항에 대한 것으로, 행정규제 판단기준 1-3에 따라, 신설 - 강화규제에 해당하지 않음	행정부담	기업 소상공인
2020	진단용 방사선 발생장치의 안전관리에 관한 규칙	○ 이동형 전산화 단층 촬영 장치의 사용장소를 확대하고, 이에 따른 방어시설 기준 마련	설비	기업 소상공인
2020	특수의료장비 품질관리검사기관의 등록 등에 관한 규정	○ 특수의료장비 품질검사기관으로 등록하려는 자가 행정정보의 공동이용에 동의할 경우 담당공무원이 전자적으로 확인할 수 있는 근거 마련으로 서류 제출을 간소화하고 국민 편의 도모	행정부담	기업 소상공인
2020	혁신의료기술의 평가와 실시 등에 관한 규정	○ 혁신의료기술 평가트랙의 기술·질환 범위 확대 (안 별표 1) - (주요 내용) 혁신의료기술 대상 심의 기준의 검토 범위를 확대하여 혁신의료기술의 임상 사용을 활성화 * 혁신의료기술 평가 트랙의 품목을 기존 6개에서 9개로 확대하고, 4개 분야로 제한했던 질병군 폐지	외부 서비스	기업 소상공인
2021	공중위생관리법 시행규칙	○ 공중위생영업 신고사항 직권말소 절차 신설 (안 제3조의 4) - 시장·군수·구청장이 법 제3조 제3항에 따라 공중위생 영업신고 사항을 직권말소 하려는 경우 직권말소 예정 사실을 영업자에게 사전 통지하고 해당 관청 게시판과 홈페이지에 10일 이상 예고하도록 함 ▶ 공중위생관리법 개정(법률 제18605호, 2022.6.22. 시행)에 따른 후속 조치 ○ 2조 별표 1: 설비 ○ 4조 별표 2: 운영	설비, 운영	기업 소상공인

〈표 4-7〉 2020~2023년 폐지·완화된 규제 (계속)

연도	안건명	규제 완화(비용감축) 내용	규제 비용 항목	수혜자/ 비용부담자
2021	국민건강보험법 시행규칙	○ 전자고지 서비스 신규·변경·해지 신청서 공단 제출 시 전자문서로도 가능하도록 정비(제49조 개정) ○ 고용허가 외국인, 영주권을 가진 외국인 대상 입국 즉시 건강보험 가입 적용(제61조의2 개정) ○ 4대보험 자격변동 내용에 관한 서식 변경(별지 제9호 서식 개정)	행정부담	일반 국민
2021	국민연금과 직역연금의 연계에 관한 법률 시행규칙	○ 대리인의 연계 신청 시 '본인서명사실확인서'도 제출 가능토록 개선(안 제2조, 제3조) ○ 전자문서에 의한 업무처리 근거 규정 신설(안 제6조)	행정부담	일반 국민
2021	국민연금법 시행규칙	○ 분할연금의 혼인기간·분할비율 신고기한 확대(안 제22조) ○ 전자문서의 고지 관련 제도 개선	행정부담	일반 국민
2021	국민연금법 시행령	○ 일정 소득 이상 일용·단시간 근로자를 사업장 가입자로 포함(안 제2조)	운영	일반 국민
2021	상급종합병원의 지정 및 평가 규정	○ 상급종합병원 평가협의회 위원 구성 조정(제8조 제2항)	운영	기업 소상공인
2021	약사법 시행규칙	○ 약사법 제48조에서는 누구든지 의약품은 개봉하여 판매할 수 없으나, 예외적으로 개봉할 수 있는 경우를 복지부령으로 정하고 있음 - 코로나19 백신을 신속하게 소량 단위로 공급할 수 있도록 의약품 도매상이 유통 품질이 확인된 감염병 예방 및 치료용 의약품을 개봉하여 판매할 수 있도록 시행규칙 개정	원재료	기업 소상공인
2021	영유아보육법 시행령	○ 원장과 보육교사의 경력 기준 확대 - 어린이집 원장과 보육교사 자격 기준상 인정되는 경력에 기간제교사, 특수교육지원센터의 교사 등을 추가하여 범위 확대	운영	기업 소상공인

〈표 4-8〉 2020~2023년 폐지·완화된 규제 (계속)

연도	안건명	규제 완화(비용감축) 내용	규제 비용 항목	수혜자/ 비용부담자
2021	의료급여법 시행규칙	○「의료법 개정」(법률 제17069호, 2020. 3. 4. 공포, 2021. 3. 5. 시행)에 따라 병원급 의료기관의 종류로 정신병원이 추가된 사항 반영 ○「무형문화재 보전 및 진흥에 관한 법률」에 따라 중요무형문화재를 국가무형문화재로 변경 ○ 임신·출산 진료비 지원금액 인상 및 사용기간·범위 확대 ○ 장애인보조기기 명칭 중 "전후방보행보조차"를 "전후방보행차"로 변경 ○ 보조기기 소모품 중 "다리의지소켓 및 실리콘라이너"를 추가	지출절감	일반 국민, 기업 소상공인
2021	의료급여법 시행령	○ 의료급여기금에서 부담하는 급여비용의 범위(시행령 별표 1) - 의료급여 환자의 잠복결핵 치료비용 전부를 기금에서 부담 -「의료법」개정으로 정신병원이 별도의 의료기관 종류로 명시됨에 따라,「의료급여법 시행령」도 동일하게 규정	지출절감	일반 국민
2021	의료기관이 아닌 유전자검사기관이 직접 실시할 수 있는 유전자검사 항목에 관한 규정	○ 소비자 대상 직접(DTC) 유전자검사의 제공에 필요한 검사서비스 전반에 대한 질관리 및 검사의 정확도 등에 대해 보건복지부장관이 인정한 기관 및 그 기관에서 추가로 실시할 수 있는 유전자검사의 범위 규정	운영	기업 소상공인
2021	임상연구의 요양급여 적용에 관한 기준	○ 감염병 등 임상연구 신속 절차 마련(안 제4조 제6항 수정, 제6조의 2 및 제7조의 2 신설 등) - 의뢰자 주도 임상연구 중 법정 감염병 등 임상연구와 관련한 긴급한 결정이 필요한 경우 임상연구 급여 전문평가위원회를 거쳐 30일 이내에 심의하는 신속 절차 마련 ○ 첨단재생의료 임상연구 심의 절차 내용 추가(안 제4조 및 별지 제1호, 제2호 수정 등) - 첨단재생의료 및 첨단바이오의약품 심의위원회에 임상연구 계획 심의와 요양급여 적용 결정 신청을 함께 한 경우에 절차 및 서식 등을 규정	행정부담	기업 소상공인

〈표 4-9〉 2020~2023년 폐지·완화된 규제 (계속)

연도	안건명	규제 완화(비용감축) 내용	규제 비용 항목	수혜자/ 비용부담자
2021	의료법 시행규칙	○ 처방전 서명 시 전자서명으로 서명 가능하도록 수정(안 제12조 제1항) 1) 현재 처방전 발급 시 의사나 치과의사는 서명(「전자서명법」에 따른 공인전자서명을 포함한다)하거나 도장을 찍도록 되어 있으나, 공인전자서명의 폐지에 따라, '공인전자서명'을 '전자서명'으로 수정하여 일반 전자서명으로도 서명할 수 있는 근거 마련 ○ 기록열람 등의 요건(안 제13조의 3) - 진료기록 열람 또는 사본 발급 시 친족이 갖추어야 하는 구비 서류 관련 규제 완화 ○ 정신병원 개설·운영 관련 규정 정비(안 제27조 제1항, 제39조, 제40조 제1호, 제41조 제1항 제2호, 별표 8, 별지 제14호 서식, 별지 제16호 서식, 별지 제18호 서식, 별지 제20호 서식) 1) 의료법(제17069호, 2020.3.4) 개정에 따른 법률 위임 사항을 의료기관 개설 허가 및 급식 관리 등 법률에서 위임된 사항을 반영 2) 정신과 입원실 개방/폐쇄 병동 구분 ○ 의료기관 개설 신고·허가신청 시 서류 제출 간소화(안 제25조 제1항, 제27조 제1항, 제28조 제1항 및 별지 제14호 서식, 별지제16호 서식) - 의료기관 개설 시 제출해야 하는 '의료인의 면허증' 및 '전기안전 점검 확인서'를 행정정보 공동이용을 통해 담당 공무원이 확인토록 하여, 민원인의 서류 제출 부담 완화 ○ 의료법인 부대사업신고 제출 서류 간소화(안 제61조 제1항 제1호 및 별지 제22호 서식) - 부대사업 신고 시 제출 서류 중 "의료기관 개설허가증" 삭제	행정부담 및 운영	기업 소상공인
2021	임신·출산 진료비 등의 의료급여기준 및 방법	○ 「의료급여법 시행규칙」 제8조의 2 개정(보건복지부령 제828호, 2021.9.14. 개정) 사항을 반영하여 임신, 출산진료비 사용 범위 및 기간을 확대하고, 보청기 적합 관리 비용 청구 시기를 건강보험 가입자와 동일하게 개정하려는 것임	지출절감	일반 국민

〈표 4-10〉 2020~2023년 폐지·완화된 규제 (계속)

접수번호	안건명	규제 완화(비용감축) 내용	규제 비용 항목	수혜자/비용부담자
2021	임신·출산 진료비 지급 등에 관한 기준	○ 건강보험 임신·출산 진료비 지급 신청 시 청소년 산모 임신·출산 의료비 지원 신청을 동시에 신청할 수 있도록 신청서 서식 개정(별지 제1호 서식)	행정부담	일반 국민
2021	장기요양급여 제공기준 및 급여비용 산정방법 등에 관한 고시	○ 2022년도 급여 종류별 급여비용 고시(안 제18조, 제25조, 제28조 등) ○ 2022년도 재가급여 월 한도액 고시(안 제13조) ○ 2022년도 인건비 지출 비율 고시(안 제11조의 2) ○ 인지활동형 방문요양급여 제공 기준 명확화(안 제15조) ○ 가산금 폐지에 따른 업무수행 기준 완화(안 제19조) ○ 주야간 보호제공 기준 개선(안 제30조) ○ 주야간 보호급여제도 개선(안 제32조) ○ 정원 초과 특례 문구 명확화(안 제46조) ○ 근무 인원 수 산정 방법 개선(안 제49조)	지출절감	일반 국민, 기업 소상공인
2021	장애인보조기기 보험급여 기준 등 세부 사항	○ 장애인보조기기 급여평가 대상 품목으로 욕창 예방 방석 및 욕창 예방 매트리스를 추가 ○ 보청기 양측 급여요건 중 연령 기준을 '15세 이하'에서 '19세 미만'으로 확대 ○ 장애인 보조기기 급여평가 시 고려 사항으로 노인 장기요양 보험복지용구 급여 가격 추가	지출절감	일반 국민
2021	장애인복지법 시행규칙	○ 장애인복지법 시행령 제2조의 위임에 따라 장애 유형별 장애의 정도를 시행규칙(별표 1)에서 규정하는 사항으로 신설·강화 규제에 해당하지 않음	기타	일반 국민
2021	장애인복지법 시행령	○ 장애인복지법 제2조에 따라 장애인복지법을 적용받는 시각 및 정신장애의 종류와 기준을 완화하고, 그 구체적인 사항을 시행령(별표 1)에서 규정하는 사항으로 신설·강화 규제에 해당하지 않음	기타	일반 국민

〈표 4-11〉 2020~2023년 폐지·완화된 규제 (계속)

연도	안건명	규제 완화(비용감축) 내용	규제 비용 항목	수혜자/ 비용부담자
2021	장애인복지법 시행령	○ 장애인 학대 관련 범죄 등의 경력 조회 (안 제36조의 2) ○ 취업제한 등 대상자 해임요구 및 장애인 관련 기관의 폐쇄(안 제36조의 3) ○ 장애인 학대 신고 의무자 교육(안 제36조의 6	교육훈련	기업 소상공인
2021	첨단의료복합단지 육성에 관한 특별법 시행령	○ 첨단의료복합단지 활성화를 위해 단지 내 입주한 의료연구개발기관이 설치할 수 있는 소규모 생산시설 규모를 확대	설비	기업 소상공인
2022	노인요양시설 내 요양보호사 인력배치 기준 개선에 관한 노인복지법 시행규칙	○ 노인요양시설 설치 시 토지 및 건축물 소유권 확보 의무 완화 - 국가 또는 지자체가 소유한 토지 및 건물에 노인요양시설을 설치하는 경우에는 토지 및 건물의 소유권을 확보하지 않더라도 임차를 통해 노인요양시설을 설치할 수 있도록 규제 완화 ○ 노인요양시설의 요양보호사 인력배치 기준 상향 - 요양보호사의 과중한 업무 부담을 완화하기 위하여 현행 입소자 2.5명당 1명인 노인요양시설 요양보호사 인력배치 기준을 입소자 2.3명당 1명으로 상향 조정	설비	기업 소상공인
2022	아동복지법 시행규칙	○ 보호 대상 아동의 보호기간 연장 관련(시행규칙 제12조) - 학대 피해아동 및 가족 등에 대한 상담·치료 시 실비지원 관련(시행규칙 제14조의 4) ○ 자립지원 실태조사의 내용·방법 등 규정(시행규칙 제18조) ○ 아동복지시설 운영주체 변경(개인→비영리법인) 시 시설기준 요건 완화 규정(시행규칙 제24조 관련 별표 2)	지출절감, 운영	일반 국민, 기업 소상공인

〈표 4-12〉 2020~2023년 폐지·완화된 규제 (계속)

접수 번호	안건명	규제 완화(비용감축) 내용	규제 비용 항목	수혜자/ 비용부담자
2022	영유아보육법 시행규칙	○ 보육의 우선 제공 대상에 북한이탈주민의 자녀인 영유아를 포함 - 북한이탈주민의 경제적 자립 및 안정적 정착에 기여하기 위해 보육 우선 제공 규정 신설 ○ 어린이집 내 지역아동센터·다함께돌봄센터의 복합설치 기준 명료화 - 복합설치 기준을 건물 전체에 설치한 어린이집으로 대상 명료화 ○ 복수 건출물에 설치된 어린이집 설치 기준 완화 - 복수 건축물에 어린이집 설치 시 일부 건물 1층만을 사용하는 경우에도 설치를 허용 ○ 국공립 어린이집 위탁체 선정 관리 기준 개정 - 국공립 어린이집 위탁체 선정 관리 기준에 재위탁 점수 규정 추가	운영	기업 소상공인
2022	의료법 시행규칙	○ 처방전 대리 수령자 확대(안 제11조의 2) 1) 장애인 거주시설에서 근무하는 사람도 거동이 불편한 장애인을 대신해 처방전을 수령할 수 있는 사람으로 명시하여 환자의 편의를 증대하고, 재직증명서를 제시해 증빙하도록 함 ○ 원격의료의 시설 및 장비(안 제29조) 의료인 간 원격협진 시 기존 의료기관이 직접 보유하고 있는 장비 외에도 제3자가 구축·운영하는 장비를 사용할 수 있도록 개선	행정부담 및 운영	일반 국민, 기업 소상공인
2022	장애물 없는 생활환경(BF) 인증심사 기준 및 수수료 기준 등 일부 개정	○ 인증의무시설이 아닌 시설이 인증을 신청하는 경우 인증 수수료를 100분의 50으로 감면할 수 있도록 함	운영	기업 소상공인

〈표 4-13〉 2020~2023년 폐지·완화된 규제 (계속)

접수 번호	안건명	규제 완화(비용감축) 내용	규제 비용 항목	수혜자/ 비용부담자
2023	국민건강보험법 시행규칙	○ 거짓이나 부정한 방법으로 피부양자 자격을 취득한 경우 등에 있어서 피부양자 자격의 상실 시기를 명확히 하고, 피부양자의 소득 및 재산 요건을 충족할 경우 폐업 사실의 입증 없이도 피부양자 자격을 취득할 수 있도록 하는 등 현행 제도의 운영상 나타난 일부 미비점을 개선·보완하려는 것임	행정	일반 국민
2023	기업 소상공인	○ 현행 생명윤리 및 안전에 관한 법률 시행규칙에 대한 유관기관 및 감독 대상 기관의 제도 개선 요청 사항을 반영하여, 현행 제도 운영상 나타난 미비점을 개선·보완하려는 것임/ 소비자 대상 직접 시행 유전자검사를 시행하는 경우 유전자검사 항목 및 서비스제공계획서를 인증 전·후로 신고하던 것을 인증 후 한 번만 신고할 수 있도록 개선함	노동	기업 소상공인
2023	모자보건법 시행령	○ 산후조리업자가 가입하는 책임보험의 손해배상 금액이 「재난 및 안전관리 기본법」 제76조의 2 및 동법 시행령 84조의 2에 규정된 금액에 미치지 않았던 내용을 적정 수준으로 상향 조정	운영	일반 국민
2023	의료법 시행규칙	○ 코로나19 대응 과정에서 나타난 의료기관 내 일부 시설 기준들의 개정 필요성을 반영하는 등 효율적인 감염병 대응을 위해 그간 제도 운영상 나타난 일부 미비점을 개선 ○ 입원실에는 손씻기 시설 기준완화	행정부담 및 운영	일반 국민, 기업 소상공인
2023	공중위생관리법 시행규칙	○ 이·미용 영업자가 사망 시 이·미용사 면허를 소지하지 않은 상속인도 폐업신고가 가능하도록 하는 내용으로 「공중위생관리법」이 개정됨에 따라, 이·미용사 면허를 소지하지 않은 상속인이 폐업신고하려는 경우 절차 및 제출 서류를 정하려는 것임	운영	기업 소상공인
2023	영유아보육법시행규칙	○ 어린이집 보육서비스 우선 제공 대상을 확대하고, 어린이집 건물에 설치할 수 있는 시설의 범위 및 어린이집 영양사 배치 기준 등 시설·운영 기준을 합리적으로 완화	노동	기업 소상공인

출처: 국민참여입법센터 홈페이지에서 인출하여 재정리함.

제2절 퇴원환자 지원사업 관련 정량적 규제영향분석

　건강 불평등을 해결하기 위해 여러 부서가 지방정부와 함께 협력하여 시스템의 원활한 연계와 통합을 방해하는 장벽을 제거하는 것이 중요하다. 환자들에게 사회복지를 지원하고 합리적인 의사결정을 하기 위해 다양한 조치 및 지원이 요구된다.

　환자에게 퇴원 후 추가적인 재활 또는 사회복지 지원이 필요한 경우, 보건 및 사회복지 전문가가 협력하여 환자를 평가하고 치료 패키지를 제공할 수 있는 프로그램이 필요하다.

　그러나 공공보건의료에 관한 법률(제14조의 2 책임의료기관의 지정)에서는 환자가 퇴원하기 전에 평가하도록 요구하고 있다(퇴원환자 지역사회 연계사업). 이런 사전 평가 과정은 퇴원을 지연시켜 환자의 건강 결과가 더 악화(예: 환자의 독립성 상실 또는 근육 약화)되고 그에 따라 의료비 등 추가 비용이 발생하며 병원 입원 등에 부담이 가해져 입원 환자에게 필요할 수 있는 의료 서비스를 제공하기가 더 어려워지고 더 복잡해지게 만들 수 있다.

　퇴원환자평가를 통하여 환자는 퇴원 시 본인에게 적합한 더 높은 수준의 치료를 받을 수 있게 된다. 건강 및 사회복지 파트너가 보다 효과적으로 협력하고 개인에게 가장 적절한 시기에 평가를 실시할 수 있는 유연성을 확보할 수 있다.

　이와 같은 조치나 개입에 따른 정책 목표와 의도된 효과는, 지역사회에서 요구되는 사항을 가장 잘 충족하는 퇴원 프로세스를 채택할 수 있도록 하여 개인의 안전하고 시기적절한 퇴원을 지원함으로써, 환자의 건강 및 웰빙 결과를 극대화(예: 병원 재입원 감소, 사람들이 가정에서 더 빈번하게 재활, 치료할 수 있도록 지원)할 수 있게 하는 것이다.

이를 위해서는 최적의 회복 시점에 평가가 이루어질 수 있도록 하여 향후 진료 결정이 가장 정확하고 도움이 될 수 있도록 다양한 영역에서 협업을 통하여 지원하는 체계가 필수적이다.

이와 더불어, 환자가 더 이상 병원 치료가 필요하지 않은 기간을 초과하여 병원에 남아 있지 않도록 함으로써, 의료기관 직원 및 시설에 대한 부담을 감소시키는 등의 사회적 편익을 달성할 수 있다. 이는 다른 한편으로 의료기관이 의료에 대한 최고의 가치를 추구한다라는 원칙에 따라 운영되도록 지원하여 가장 필요한 곳에 자원을 집중할 수 있도록 하는 역할을 한다.

현재 개인이 퇴원 후에 추가적인 사회복지, 지속적인 의료 또는 방문간호 지원이 필요한 경우, 건강 및 사회복지 전문가의 지원이 요구되므로, 퇴원 전 상황을 평가하고 치료 패키지를 제공하는 체계가 필요하다.

따라서 의료 및 사회복지 파트너가 보다 효과적으로 협력하고 환자에게 가장 적절한 시기에 평가를 실시할 수 있는 유연성을 창출할 수 있도록 관련 규제의 정비가 필요하다고 볼 수 있다. 이는 안전하고 시의적절한 퇴원을 지원하고, 최적의 회복 시점에서 평가가 이루어질 수 있도록 하여 장기적인 의료 및 복지 욕구를 정확하게 평가할 수 있도록 할 것이다.

1. 퇴원환자 지원사업의 규제영향분석

가. 규제영향분석의 옵션

퇴원환자 지원사업의 옵션은 크게 두 가지로 구분할 수 있다. 우선 ① 아무것도 하지 않는 것이고, 두 번째 옵션은 ② 퇴원 후 평가에 대한 현재의 입법 장벽을 제거하는 것이다. 현지 지역이 협력하여 지역의 요구 사항을 가장 잘 충족하는 접근 방식을 채택하고, 간병인과 환자가 퇴원 계획에 참여하도록 보장하기 위한 규정을 마련하는 것이다.

환자를 적정한 시점에 퇴원시켜 지역사회 또는 가정에서 회복하도록 한 다음, 장기적인 요구 사항을 평가하는 것이 환자 결과를 개선하는 가장 효과적이고 실현 가능한 방법이라 할 수 있다. 이는 궁극적으로 환자의 건강 결과 향상으로 연결되어, 전반적인 사회적 편익이 비용보다 높을 것으로 기대할 수 있다.

나. 영향을 받는 이해관계자

환자가 더 이상 병원에 거주할 수 있는 기준을 충족하지 못하는 경우(즉, 더 이상 급성 병원 치료가 필요하지 않은 경우) 즉시 퇴원하는 것이 환자 결과를 지원하는 가장 효과적인 방법으로 점점 더 인식되고 있다. 환자의 거주지에서 이루어지는 의료 회복 서비스가 환자의 독립성 수준을 높이고 예방 가능한 병원 재입원 횟수를 줄일 수 있다. 이와 관련한 이해관계자를 살펴보면 다음과 같다.

1) 환자(간병 수혜자)

병원에서 치료를 받고 퇴원한 환자 중 향후 복지욕구평가를 받는 환자는 퇴원 절차 및 장기 요양에 관한 평가를 경험할 수 있다. 현재 지역사회에서 치료를 받고 있는 환자의 재입원을 예방하기 위해 추가 자금이 제공된다면 더 많은 환자가 혜택을 받을 것으로 예상된다.

2) 환자 가족의 간병 및 무급 돌봄 등

환자가 병원에서 퇴원한 후 치료와 지원이 필요할 것으로 판단되는 경우, 퇴원과 관련된 계획을 수립하게 된다. 퇴원 계획을 논의할 때 간병인이 간병 책임을 맡을 의지와 능력이 있는지 여부에 대해 공개적인 의사소통이 이루어져야 하며, 이는 퇴원 계획 시 고려되어야 한다.

3) 간병인

기준선(퇴원 전에 평가가 수행됨)에 따라 일부 지역에서는 이후 케어 패키지 결정에 사회복지 서비스 제공자의 참여가 필요하다. 평가는 병원의 보건 및 사회복지 직원이 공동으로 수행한다. 더 많은 환자들이 병원에서 퇴원하고 재활 서비스를 받을 수 있을 것으로 예상됨에 따라 재택간호 서비스에 대한 수요가 증가할 것으로 예상된다. 반면, 추가적인 재활 서비스로 인해 회복 속도가 빨라지고 일부 환자가 장기적으로 의료기관에 입원 또는 요양원에 입소할 필요성이 줄어들기 때문에 장기 요양 서비스에 대한 수요도 감소할 수 있다 .

4) 사회복지 및 임상 직원의 역할과 책임

환자가 퇴원하는 과정에 참여하는 사회복지 및 임상 직원의 역할과 책임이 강화될 것이다.

5) 의료기관의 의료비(건강보험공단의 재정)

평가가 완료될 때까지 환자가 병원에 남아 있는 경우, 환자는 급성 병상 및 관련 의료비에 대한 부담을 지게 되므로, 환자를 돌보기 위해 가족 및 의료기관이 제공해야 하는 비용이 증가하여 소요 재원이 줄어들 것으로 예상된다.

6) 지자체의 공적 서비스

환자는 요구도 평가가 이루어질 때 점차 회복될 것이므로 집중적인 장기 요양에 소요되는 비용 및 서비스가 감소될 수 있다.

다. 규제 옵션의 평가

다음의 비용편익분석에서는 제안된 옵션 중 하나 이상에서 기대할 수 있는 다양한 비용과 편익을 평가한다. 이러한 모든 영향은 환자가 퇴원 후 지방정부의 지원 회복 서비스를 받을 것이라는 가정에 근거하며, 지역에서는 현지 시장 상황, 자원 역량 및 재정 상황을 고려하여 공적 서비스를 제공하게 될 것이다.

이러한 가정하에서 확인된 비용과 편익은 다음과 같다.

〈일회성 비용〉
① 교육훈련 비용: 의료기관, 지방 당국 및 의료 서비스 제공자에게 제안된 입법 변경 사항을 익히는 데 드는 일회성 비용이 발생한다.

〈지속적인 비용〉
① 병원 외부에서 회복 서비스 제공: '아무것도 하지 않음' 옵션에 따라 환자가 여전히 병원에서 치료를 받고 있으므로 장기 요양 평가를 기다리는 환자에 대한 진료가 의료기관에서 제공된다. 제안된 변경 사항에 따라 일부 환자는 이 결정을 기다리는 동안 병원 외부에서 회복 서비스를 받아야 한다. 따라서 이러한 변화로 인해 해당 서비스 제공자 및 환자 등에게 새로운 비용이 발생할 수 있다.
② 조정 비용: 평가 전에 환자를 퇴원시키기로 결정한 경우, 누가 중간

의료 제공을 책임질 것인지 결정하고 그에 따라 이 제공을 조정해야 하는 보건 및 의료 직원에게 추가적인 부담이 발생하게 된다.
③ 환자를 위한 복지 비용: 장기 치료 조항에 대한 평가 날짜를 지연하면 환자에게 부정적인 결과를 초래할 수 있다. 예를 들어, 일부 환자의 경우 집에서 제공되는 중간 진료 제공이 중간 진료 요구 사항을 완전히 충족하지 못할 위험이 있다.

〈지속적인 혜택〉
① 의료비 절감: 새로운 지침의 결과로 더 많은 지역에서 퇴원환자평가 지침을 따르면 환자가 평가를 기다리는 동안 급성 병원 환경에 머무르는 데 필요한 시간과 의료 관련 비용이 크게 감소한다.
② 관련 인력의 역량 확보: 회복 서비스를 제공함에 따라 돌봄이 필요한 사람들이 일상생활에서 자립을 되찾고 회복하면서 관련 인력은 돌봄을 위한 노하우와 기술이 축적되는 등의 역량이 확대될 수 있다. 이는 장기적으로 숙련된 인력의 역량을 통하여 환자들이 병원에 재입원할 가능성을 감소시키는 데에 기여할 수 있다.
③ 회복 서비스에 대한 자체 재정 지출 감소: 모든 환자가 지방정부 지원 회복 서비스를 받을 자격이 있다면 기준에 따라 향후 치료 패키지 비용을 직접 지불했을 환자에게 비용 절감의 효과가 있을 것이다.
④ 장기 치료 제공 감소: 환자가 최적의 회복에 도달한 시점, 즉 신체적, 정신적 건강이 장기적인 요구 사항을 더 잘 반영하는 시점에 치료 평가가 이루어질 수 있다. 따라서 퇴원환자평가는 더욱 정확하고 장기적으로 필요한 의료 및 사회복지 서비스 수준을 줄여 지방 당국 및 기타 의료 서비스 제공자에게 추가 비용 절감 가능성을 가져올

것으로 예상된다.

⑤ 환자의 건강 및 웰빙 결과 개선: 환자가 더 일찍 퇴원하면 공중 보건 및 웰빙 결과가 다양하게 개선될 수 있다.

〈비용 및 편익의 정량화〉

모든 항목의 정량화된 비용 및 편익은 2023/24년 가격으로 추정하며, 10년간의 평가 기간에 걸쳐 측정하되, 할인율을 적용하여 순 현재 가치를 2024년을 기준 연도로 사용하여 측정한다. 그리고 계산의 일관성을 보장하기 위해 표준 비용 모델 접근 방식을 채택한다.

1) Option 1: 아무것도 하지 않음(Do Nothing)

'아무것도 하지 않음' 옵션하에서는 퇴원 전 평가에 대한 법적 요구 사항이 그대로 유지되는 것을 가정한다. 이는 부분적으로 필요 평가를 받지 않는 환자가 점유하고 있는 병상으로 인해 사회적 입원에 따른 재정 부담을 증가시키는 요인으로 작용할 수 있다.

2) Option 2: 퇴원환자평가 수행을 위한 기존 관련 법의 정비

(1) 교육훈련비

우선, 퇴원환자평가를 수행하기 위해서는 의료기관에서 근무하고 있는 담당자의 적응(훈련) 비용이 소요된다. 퇴원 법안의 변경 사항을 숙지해야 하는 의료기관 등의 직원에게 부여된 일회성 비용이 발생하게 된다. 이를 수식으로 표현하면, 추가 고용된 인력×인력의 평균 일당 임금×예상 학습 시간으로 산출할 수 있다.

〈표 4-14〉 보건업 및 사회복지서비스업(86~87) 종사자의 월평균 임금: 2023년 기준

구분	보건업 및 사회복지서비스업(86~87)	전산업
근로일수(일)	21.1	20.9
총근로시간(시간)	154.3	170.6
월임금총액(천 원)	3,139	4,266
월급여액(천 원)	2,967	3,755

주: 월임금총액=정액급여+초과급여+전년도 연간특별급여/12개월
　　* 연간특별급여는 월간 변동성이 커서 연간으로 조사되어야 하나 동 조사는 매년 6월 기준 조사이므로 당해 연도 연간특별급여를 조사할 수 없어, 전년도 연간특별급여를 조사하고 이를 12개월로 나누어 당해 연도 6월 임금총액에 합산함.
　　월급여액=정액급여+초과급여
출처: "고용형태별근로실태조사," 고용노동부, 2023.

　퇴원환자평가를 수행하게 되는 책임의료기관 현황(2024년 3월 기준)을 보면, 2019년에 권역 10개소에서 2024년에 권역 17개소, 지역 55개소로 확대되었으며, 이들 의료기관에 해당 규정이 적용될 수 있다(보건복지부, 2024).

〈표 4-15〉 설립구분별 종별 요양기관 현황: 2023년 기준

(단위: 개소)

구분		국립	공립				계
			시도립	시군구립	지방의료원	기타공립	
의료기관	상급종합병원	1	0	0	0	10	11
	종합병원	1	2	1	31	19	54
	병원	5	5	3	5	7	25
	요양병원	0	27	44	2	4	77
	정신병원	6	7	1	0	0	14
	의원	86	8	2	0	5	101
	치과병원	1	1	0	0	6	8
	치과의원	13	1	0	0	2	16
	조산원	0	0	0	0	0	0
	한방병원	0	0	0	0	1	1
	한의원	7	5	3	1	0	16

구분		국립	공립				계
			시도립	시군구립	지방의료원	기타공립	
보건기관	보건의료원	0	0	15	0	0	15
	보건소	0	1	245	0	0	246
	보건지소	0	0	1,313	0	0	1,313
	보건진료소	0	1	1,897	0	1	1,899
	계	120	58	3,524	39	55	3,796

주: 2023년 4/4분기 기준
  1) 국립대학병원 설치법에 의거하여 개설된 10개소(종합전문 7, 종합병원 2, 치과병원 1)와 서울대학교병원 설치법에 의거하여 개설된 2개소(종합전문 1, 종합병원 1)인 국립대학병원 12개소는 특수법인으로 분류됨.
  2) 의료법 제3조 제2항 제3호(2021.3.5.시행)에 따라 2021년 1분기부터 정신병원 추가.
출처: "건강보험통계," 국민건강보험공단, 건강보험심사평가원, 2024.

    병원급 의료기관 중에 국공립에 해당하는 의료기관은 196개소이며, 이미 퇴원환자 지역사회 연계사업을 수행하고 있는 의료기관은 72개소이므로, 만약에 공립 의료기관에 모두 확대 적용할 경우에는 124개소가 추가로 사업을 수행할 수 있다.

    이에, 국공립 의료기관 124개소에 업무를 담당할 인력 3명, 그리고 교육훈련에 소요되는 시간이 8시간이라고 한다면, 55,342천 원의 추가 비용이 교육훈련비로 소요될 것으로 전망된다.

〈표 4-16〉 설립구분별 종별 요양기관 현황: 2023년 기준

(단위: 개소)

구분		학교	특수	종교	법인					계
					사회복지	사단	재단	회사	의료	
의료기관	상급종합병원	28	1	0	1	0	2	0	2	34
	종합병원	38	7	0	1	0	20	0	135	201
	병원	8	1	1	12	3	19	0	264	308
	요양병원	4	0	0	12	2	10	0	551	579
	정신병원	0	0	0	10	0	5	0	119	134
	의원	18	7	1	28	108	69	113	135	479
	치과병원	10	0	0	0	0	2	0	15	27

구분		법인								계
		학교	특수	종교	사회복지	사단	재단	회사	의료	
보건기관	치과의원	3	4	0	1	23	11	12	18	72
	조산원	0	0	0	0	0	0	0	0	0
	한방병원	21	0	0	0	0	22	0	41	84
	한의원	8	1	1	3	5	16	4	27	65
	보건의료원	0	0	0	0	0	0	0	0	0
	보건소	0	0	0	0	0	0	0	0	0
	보건지소	0	0	0	0	0	0	0	0	0
	보건진료소	0	0	0	0	0	0	0	0	0
	계	138	21	3	68	141	176	129	1,307	1,983

주: 2023년 4/4분기 기준
　　소비자생활협동조합 101개소, 사회적협동조합 55개소는 제외함.
출처: "건강보험통계," 국민건강보험공단, 건강보험심사평가원, 2024.

이외에도 지자체의 행정 담당자의 적응(훈련) 비용이 검토될 필요가 있다. 지방 당국 관리자가 8시간 동안 교육훈련을 통하여 지침을 익히고 직원이 새로운 접근 방식과 모범 사례에 대응하도록 지시하는 것을 포함한다.

지자체 담당 공무원 1명이 사업 수행을 위한 모니터링을 위해 8시간의 교육훈련이 필요하다고 한다면, 보건기관당 전담 인력의 교육훈련 비용은 148.8천 원의 비용이 지출될 것이다.

(2) 환자를 위한 웰빙 비용(1): 재활서비스 지출 비용 감소

앞에서 설명한 교육훈련 비용이 추가로 소요된다고 하더라도 환자의 건강 수준 악화를 예방할 수 있기 때문에, 재활과 관련한 비용을 절감할 수 있을 것으로 기대된다.

장기 치료 조항에 대한 평가 날짜를 지연하면 환자에게 부정적인 결과를 초래할 수 있다. 예를 들어, 일부 환자의 경우 거주지에서 제공되는 재활서비스가 본인의 요구 사항을 충족하지 못할 위험이 있다. 일부 환자의 경우 향후 치료 수준에 대한 불확실성이 장기간 지속되면 건강 수준 및 건강 관련 의료비를 증가시키는 부정적인 영향을 미칠 수도 있다.

재활서비스 같은 중간 치료가 필요하고 전체 평가를 기다리는 환자가 퇴원하는 경우, 퇴원환자와 관련한 의료 및 복지의 안전 장치를 구축해야 한다. 의료 및 사회복지 파트너, 이해관계자와 함께 퇴원 계획을 수립한다면 이러한 위험을 완화할 수 있을 것이다. 여기에는 환자가 퇴원하는 장소와 시기, 필요한 중간 지원에 대한 환자의 희망과 선택, 그리고 가족, 대리인 또는 지지자의 희망과 선택을 고려하는 것이 포함되어야 한다.

환자에게 퇴원 장소, 치료 및 회복 요구 사항 충족 방법에 대한 선택권과 통제권을 제공하는 것은 퇴원 계획의 기본 사항이다. 해당 결정이 장기적으로 공적 재정에 미치는 영향을 포함하여 가장 적절한 퇴원 경로에 대해 환자, 간병인 또는 가족 돌봄자와 논의해야 한다는 지침을 명확하게 제시하여야 한다.

일부 환자는 병원 치료가 여전히 필요하다고 생각되지만, 퇴원해야 한다는 불안감을 느낄 수 있다. 특히 병원이 최대한으로 운영되고 있다면 가능한 한 빨리 병상을 비워야 한다는 압박감을 느끼는 경우가 있다. 그러나 퇴원하기에 의학적으로 적합하지 않은 경우 병원에 있는 사람을 치료해야 하는 것은 당연하다고 할 수 있으나, 더 이상의 입원치료가 필요하지 않은 환자는 퇴원할 수 있도록 하여, 환자에게 이동성과 독립성을 회복하도록 지원하는 데 더 중점을 두는 병원 치료로 연계할 수 있을 것이다.

예를 들어, 뇌졸중 환자가 전문재활치료를 위해 적정한 의료 연계를 받을 경우에 절감할 수 있는 비용을 고려해 보면 다음과 같다.

대한뇌졸중학회에 따르면, 뇌졸중은 뇌혈관의 문제로 갑자기 발생하는 뇌기능의 저하 현상을 말하며, 크게 뇌경색과 뇌출혈로 분류된다. 뇌경색은 혈관이 좁아지거나 막히면서 뇌세포가 혈액을 공급받지 못하여 발생하는 것이며, 퇴출혈은 뇌혈관이 파열되면서 피가 뇌 조직 속에 혹은 외부에 고이게 되어 발생하는 것이다(대한뇌졸중학회, 2024). ICD-10 기준으로 뇌경색(I63), 뇌출혈(I60~I62), 기타 뇌혈관질환(I64~I69)에 해당된다.

뇌졸중 환자의 기능 상태별 재활 유형을 살펴보면, 우선 초기 재활이 필요한 급성기 재활 단계가 있으며, 기능이 다소 향상된 경우 사회복귀를 위해 회복기 재활이 필요하게 된다. 그리고 기능을 유지하고 적응하기 위해 유지기 재활을 진행하게 된다.

〈표 4-17〉 뇌졸중 환자의 의료전달체계

구분	급성기 재활	회복기 재활	유지기 재활
목적	초기재활 (환자 안정, 합병증 감소)	집중 재활 (기능향상, 사회복귀)	보전적 재활 (기능 유지, 즉응)
대상	의학적 상태 불안정 초기 합병증 방지 기능 회복 시작, 호전 고난이도, 특수재활	의학적 상태 안정 기능 회복 지속 신체기능 호전 가능 전문재활치료	장애 고착으로 기능 호전 가능성 낮음 단순 재활치료
수행	상급종합, 종합병원	병원(재활의료기관)	요양병원, 의원, 지역재활 인프라
기간	발병 후~2개월	발병 후 2~6개월	발병 후 6개월 이후

출처: "만성기 재활치료 표준화 및 활성화 방안에 관한 연구," 조강희 외, 2012; "뇌졸중 환자의 재활의료 이용현황과 재활서비스 개선방안," 이호승, 정민예, 2021.

조강희 외(2012)는 재활의학과 전문의를 대상으로, 아급성기 기간으로 적절한 기간은 무엇인가라는 질문에서 발병 후 2~6개월 사이라는 응답이 가장 높았다는 설문 결과를 참고하여, 발병 후 2개월까지를 급성기, 2개월에서 6개월까지를 아급성기(회복기), 6개월 이상을 만성기(유지기)로 구분하였다. 전문재활치료 중 한 가지라도 청구한 환자를 대상으로 전문재활 청구율을 분석한 결과는 아래의 표와 같다(조강희 외, 2012; 이호승, 정민예, 2021).

<표 4-18> 뇌경색 환자의 전문재활 청구율

구분	구분	상급	종합	병원	요양
급성	입원 환자 수	24,735	32,125	10,456	3,327
	치료 환자 수	9,310	13,028	4,751	2,637
	전문재활 청구율(%)	37.64	40.55	45.44	79.27
	1일 평균 치료 횟수	1.2	1.8	3.7	4.1
아급성	입원 환자 수	734	1,718	1,968	2,433
	치료 환자 수	405	934	1,676	2,014
	전문재활 청구율(%)	55.18	54.37	85.16	82.78
	1일 평균 치료 횟수	2.5	3.9	4.8	4.6
1차 만성	입원 환자 수	483	983	1,265	1,962
	치료 환자 수	197	350	1,042	1,602
	전문재활 청구율(%)	40.79	3.561	82.37	81.65
	1일 평균 치료 횟수	2.2	3.1	4.7	3.9
2차 만성	입원 환자 수	643	1,252	1,127	1,832
	치료 환자 수	186	391	889	1,459
	전문재활 청구율(%)	28.93	31.23	78.89	79.64
	1일 평균 치료 횟수	1.7	2.5	4.2	3.6
전체 발병 후 ~2년	입원 환자 수	26,595	36,078	14,816	9,554
	치료 환자 수	10,098	14,703	8,358	7,712
	전문재활 청구율(%)	37.97	40.75	56.41	80.71

출처: "뇌졸중 환자의 재활의료 이용현황과 재활서비스 개선방안," 이호승, 정민예, 2021.

<표 4-19> 뇌출혈 환자의 전문재활 청구율

구분	구분	상급	종합	병원	요양
급성	입원 환자 수	9,781	10,137	2,124	954
	치료 환자 수	3,485	3,272	1,065	730
	전문재활 청구율(%)	35.63	32.28	50.14	76.52
	1일 평균 치료 횟수	1.5	1.8	3.6	3.6
아급성	입원 환자 수	716	1,213	1,438	1,186
	치료 환자 수	400	771	1,168	943
	전문재활 청구율(%)	55.87	63.56	81.22	79.52
	1일 평균 치료 횟수	2.9	3.4	4.6	4.2
1차 만성	입원 환자 수	435	561	992	946
	치료 환자 수	147	255	753	768
	전문재활 청구율(%)	33.79	45.45	75.91	81.18
	1일 평균 치료 횟수	2.9	3.8	5.1	4.0

구분	구분	상급	종합	병원	요양
2차 만성	입원 환자 수	493	512	671	969
	치료 환자 수	95	185	585	765
	전문재활 청구율(%)	19.27	36.13	87.18	78.95
	1일 평균 치료 횟수	2.2	301	4.8	3.7
전체 발병 후 ~2년	입원 환자 수	11,425	12,423	5,225	4,055
	치료 환자 수	4,127	4,483	3,571	3,206
	전문재활 청구율(%)	36,12	36,09	68,34	79,06

출처: "뇌졸중 환자의 재활의료 이용현황과 재활서비스 개선방안," 이호승, 정민예, 2021.

일반적으로 환자들은 다음의 4가지 경로를 따르게 된다.
- 경로 0: 50%의 사람들 – 단순 퇴원, 집에 돌아온 후에는 건강 또는 사회복지로부터 공식적인 지원이 필요하지 않는다.
- 경로 1: 45%의 사람들 – 집에서 회복을 지원한다. 건강 및/또는 사회 복지 지원을 받아 집으로 돌아갈 수 있다.
- 경로 2: 4%의 사람들 – 24시간 침대 기반 환경에서 재활 또는 단기 치료를 받는다.
- 경로 3: 1%의 사람들 – 지속적인 24시간 치료가 필요하며, 종종 침상 환경에서 사용되며, 이러한 환자에게는 장기 치료가 필요할 수 있다.

뇌졸중 환자의 의료기관 이동 경로를 알아보기 위해 2년간 이동 횟수와 이동 경로를 분석한 결과에 따르면, 의료기관의 이동 규모를 파악할 수 있다(이호승, 정민예, 2021). 상급종합병원에 입원한 뇌졸중 환자 53,017명을 추적 조사한 결과, 전체 뇌졸중 환자의 71.96%에 해당하는 38,151명은 최초 뇌졸중 발생 이후 상급종합병원에만 입원하였고, 1회 이동하였다(이호승, 정민예, 2021). 결론적으로 뇌졸중 환자들의 대부분의 치료는 처음 입원한 병원과 1회 이동한 병원에서 이루어지는 것으로 볼 수 있으며 약 10% 정도의 환자는 3회 이상 계속해서 병원을 옮겨 다니는 것으로 나타났다(이호승, 정민예, 2021).

〈표 4-20〉 뇌졸중 환자의 2년간 의료기관 이동 수

(단위: 명, %)

구분	뇌경색		뇌출혈		출혈 또는 경색증으로 명시되지 않은 뇌졸중		전체	
	명	%	명	%	명	%	명	%
1회	25,550	73.49	12,118	69.08	483	68.03	38,151	71.96
2회	6,324	18.19	3,327	18.97	164	23.1	9,815	18.51
3회	1,563	4.5	1,087	6.2	47	6.62	2,697	5.09
4회 이상	1,329	3.82	1,009	5.75	16	2.25	2,354	4.44
계	34,766	65.58	17,541	33.09	710	1.33	53,017	100.0

출처: "뇌졸중 환자의 재활의료 이용현황과 재활서비스 개선방안," 이호승, 정민예, 2021.

〈표 4-21〉 뇌졸중 환자의 1인당 비용

구분	1인당 비용 (단위: 원)	전체 (단위: 천 원)
뇌경색	939,259	2,525,356,520
뇌출혈	1,080,684	594,754,592
출혈 또는 경색증으로 명시되지 않은 뇌졸중	417,015	1,112,098,532
전체	-	4,232,209,645

출처: "뇌졸중 환자의 재활의료 이용현황과 재활서비스 개선방안," 이호승, 정민예, 2021.

우리나라 건강보험 청구 자료를 이용한 연구에 따르면, 위험도 보정 재입원율(risk-standardized readmission rate)은 10.9%였다(Kim et al, 2015). 우리나라의 경우 예방 가능한 재입원 비율에 대한 근거자료가 없어, Canadian Institute for Health Information 보고서에 따르면 퇴원환자의 8.5%가 30일 이내 재입원을 경험하였고, 그중 9~59%는 예

방 가능한 재입원이었다. 영국의 NHS 내부 데이터에 따르면, 2016/17년에 30일 동안 병원 재입원 건수 중에 약 13%가 '잠재적으로 예방 가능한' 재입원으로 분류되었다는 보고가 있다(van der Does et al., 2020).

뇌출혈 환자의 1인당 비용이 108만 원이고, 상급종합병원에 입원한 뇌졸중 환자 53,017명을 대상으로 할 때, 53,017명×108만 원=573억 원이 된다. 이 중에서 재입원은 10.9%(53,017명×0.109=5,779명)이며, 잠재적으로 예방 가능한 재입원을 10%라고 가정한다면, 약 578명이 예방할 수 있었으나 입원을 다시 하게 된 사례로 볼 수 있다. 만약에 퇴원환자 지원을 통하여 환자가 필요로 하는 의료 및 복지 서비스를 제공하여 예방 가능한 재입원 중에 5%로 기여한다면 퇴원환자 지원으로 289명×108만 원=3억 1,212만 원의 절감을 기대할 수 있다.

퇴원 후 회복 서비스는 퇴원 후 첫날이 가장 높고, 그 이후에는 크게 감소하는 경향이 있는데, 퇴원환자 지원을 통하여 더 많은 환자에게 회복 서비스를 제공하면 예방 가능한 병원 재입원 횟수와 의료 비용이 줄어들 것으로 예상된다. 예방 가능한 병원 재입원은 퇴원 직후에 발생하므로 독립성 수준이 높아지면 재입원이 전반적으로 줄어들 것으로 예상된다.

(3) 환자를 위한 웰빙 비용(2): 장기요양서비스 지출 비용 감소

신체적, 정신적 건강이 중장기적 요구 사항을 더 잘 반영해야 하는 시점에 평가를 수행한다면, 총 사회복지 비용(장애 비용 포함)이 감소될 수 있다. 또한 장기 치료가 필요할 수 있는 사람의 장기요양서비스에 대한 비용도 감소시킬 것으로 기대된다.

퇴원환자평가를 통하여 환자가 최적의 회복에 도달하면 환자의 건강 및 치료 결과와 전반적인 웰빙에 대한 다양한 개선을 가져올 것으로 예상된다. 조기 퇴원은 개인의 기능 저하를 줄이고 독립성을 향상시킬 것으로 예상된다. 즉, 조기 퇴원은 개인의 일상활동 수행 능력 측면에서 더 나은 결과를 가져올 것으로 기대된다.

지역에서는 사람들이 회복 과정의 초기에 자택으로 보내졌기 때문에 재입원이 실제로 증가할 수 있다는 위험도 고려되어야 한다. 지역에서는 직원이 재입원이 필요한 시기를 결정할 수 있도록 교육과 지원을 제공하고, 재입원을 적극적으로 모니터링하여 퇴원 모델의 효율성을 평가할 것으로 기대된다.

(4) 환자의 병원 내 감염 요인 감소

환자의 조기 퇴원은 병원 감염 및 기타 병원으로부터의 감염 감소로 이어질 것으로 예상된다.

(5) 환자의 병원 입원에 따른 고립감 감소

환자가 병원에서 보내는 시간이 감소하고, 친구, 가족, 친숙한 환경에 있으면 고립감이 줄어들기 때문에 환자의 정신 건강에 더 큰 이점이 있을 것이다.

(6) 의료기관 등 유관기관의 조정 비용 발생

환자가 평가 전에 퇴원하는 경우, 누가 중간 진료 제공을 담당할지 결정하고 퇴원 후 이러한 조항을 조정해야 하는 보건 및 의료 직원에게 추가적인 부담이 발생한다.

지역이 재활 서비스를 제공할 수 있는 능력을 갖추고 재활 서비스가 퇴원한 환자들의 치료 요구를 완전히 충족하여 환자가 병원에 재입원할 필요가 없는 상황을 고려할 수 있다. 사회복지 및 의료 파트너는 환자의 건강 및 웰빙 결과에 부정적인 영향을 미치지 않도록 지역사회 의료 서비스를 활용하여 향후 치료를 조정하고 환자에게 적합한 복지서비스를 제공해야 하는데, 이를 위해서는 이와 관련한 추가적인 소요 비용이 발생할 것이다.

(7) 종합

이상의 비용과 편익을 종합해 보면 다음과 같다. 우선, 사업을 수행하기 위해 추가 고용된 인력의 교육훈련에 소요되는 비용이 발생하며, 지자체 담당 공무원 1명이 사업을 수행할 때 모니터링을 위한 비용이 발생할 것이다.

그러나 퇴원 후 회복 서비스를 제공받은 환자는 재입원율을 감소시켜 의료비용을 절감하는 효과를 기대할 수 있을 것이다. 또한 환자의 독립적 활동 기능을 강화하여 장기요양서비스를 받게 되는 확률을 감소시킴으로써 장기요양과 관련한 비용을 절감할 수 있을 것이다.

이외에도 환자의 병원 내 감염 요인을 감소시키고 환자에게 병원 입원에 따른 고립감을 감소시켜 삶의 질을 향상시키는 데 도움을 줄 수 있을 것이다.

정량적 분석을 위해서는 모든 항목별로 관련된 데이터가 필요하지만, 우리나라는 이와 관련한 데이터베이스가 구축되어 있지 못하고, 특히 삶의 질에 관한 항목을 화폐가치로 환산하는 연구가 미흡한 실정이다. 미국에서는 건강수명 또는 삶의 질의 단위를 화폐가치화하여 공식적으로 제공하고 있는데, 우리나라도 화폐단위로 전환할 수 있는 기전이 제공된다면 규제영향평가를 더욱 정량적으로 분석하고 정책적 대안을 비교하여 최선의 대안을 선정하는 데 도움이 될 것이다.

제3절 건강정보교류에 대한 정성적 규제영향분석

우리나라는 진료정보교류사업을 추진하여 국민의 진료 이력을 참조해 신속하고 빠르게 진료에 대응함으로써 환자 안정성을 강화하고, 중복 진료·처방을 최소화하여 의료비를 절감하고자 하고 있다. 의료기관에 대해서는 진료 이력을 참조하여 진료의 연속성을 강화하고, 신속한 진료지원과 협진 네트워크를 강화하는 한편, 연속성 있는 처방, 검사 결과와 영상 정보 등 진료 정보 제공을 통한 의사결정 지원, 의료서비스 품질 향상에 기여하고 하고 있다(한국보건의료정보원, 2024).

[그림 4-1] 진료정보교류시스템 개요

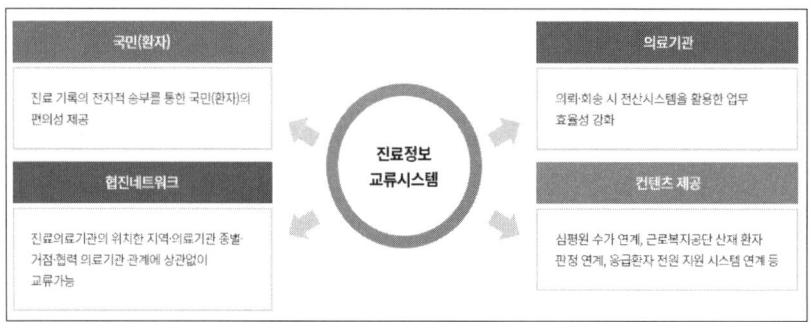

출처: "진료정보교류시스템," 한국보건의료정보원.
https://www.k-his.or.kr/menu.es?mid=a10207000000

진료정보교류사업에는 2023년 12월 31일 기준으로 거점 의료기관 61개소, 의료기관 8,605개소가 참여하고 있으며, 의료법 제21조의 2(진료기록의 송부 등)에 근거를 두고 있다.

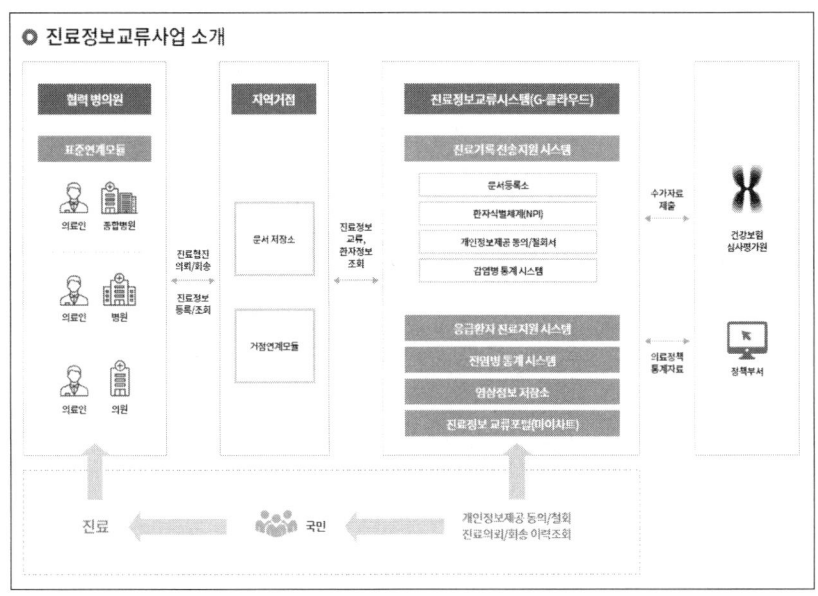

출처: "진료정보교류시스템," 한국보건의료정보원.
https://www.k-his.or.kr/menu.es?mid=a10207000000

□ 법적 근거: 의료법 제21조의 2(진료기록의 송부 등)
③ 보건복지부장관은 제1항 및 제2항에 따른 진료기록의 사본 및 진료경과에 대한 소견 등의 전송 업무를 지원하기 위하여 전자정보시스템(이하 이 조에서 "진료기록전송지원시스템"이라 한다)을 구축·운영할 수 있다.

이 사업이 추구하는 정책 목표는 ① 다양한 정보를 제공하기 위해 건강정보의 사용 및 관리를 개선, ② 환자와 의료진에게 혜택을 제공하고 건강 효율성을 향상, ③ 향상된 서비스 관리, 연구 및 혁신을 통해 의료 서비스를 제공하는 데 두고 있다.

특정 범주의 데이터가 단계적으로 구현되는 것을 지원하기 위해 다음 사항에 필요한 행정적 변경을 구현하는 법안이 필요하다. 이를 위한 규제영향평가의 목적은 다음의 다양한 옵션/입법적 접근 방식을 제시하는 것이다.
  - 진료 및 치료를 위한 건강 정보의 수집, 사용 및 공유를 강화
  - 치료 및 관련 2차 사용 목적으로 승인된 일반 계획
  - 국가 건강 데이터 수집 및 인프라 강화 및 준비
  - 일차 및 이차 사용을 위한 건강 데이터 환경
  - 건강 정보 및 데이터의 강력한 조회 관리 시스템 개발
  - 공공 서비스 디지털화의 일환으로 고유 식별을 통한 연결
  - 국가 건강 정보 시스템과 거버넌스 및 일반인 참여를 통한 건강 데이터 활용
  - 환자와 의료 서비스 제공자가 건강정보에 더 쉽게 접근할 수 있도록 지원
  - 진료 및 치료, 연구 등 관련 목적을 위한 정보
  - 건강 등록 개발, 혁신 및 맞춤형 의학

정책 대안은 아래의 세 가지 유형으로 검토해 볼 수 있다.
 • 옵션 A: 아무것도 하지 않음
 • 옵션 B: 현재의 건강정보 교류를 위한 환경 개선에 중점
 • 옵션 C: 고려할 수 있는 모든 효과를 검토하는 법안 제정

옵션 A는 '아무것도 하지 않음'으로, 이 정책 시나리오에서는 새로운 법안을 준비 또는 제정하지 않고 현 상태를 유지하는 것이라 할 수 있다. 정책 목표는 다른 정책 수단을 통해 실현될 수도 있지만, 보다 효과적인 정보 관리와 결합된 건강 정보 시스템은 일관되고 통합된 의료 시스템을 개발하여 정책 목표를 달성하는 것이 필요하다.

우리 건강에 대한 도전의 규모와 영향을 고려해 볼 때, 아무런 조치도 취하지 않기로 한 정책 결정은 기존의 단편화된 건강 정보 환경을 유지하는 데 있어서 비용 대비 가치가 낮다는 것으로 해석할 우려가 있다. 또한 건강 기록은 관리 및 치료 또는 관련 목적으로 접근하는 것이 제한된다. 예를 들어, 건강 측면을 효과적으로 평가할 수 없는 상황을 의미하게 된다. 따라서 가격 대비 가치 관점을 포함한 서비스 성과 측면에서 보았을 때, 건강서비스 제공자와 환자는 디지털 환경에서 계속 뒤처질 것이며, 사회적으로 건강 정보 수집에 대한 신뢰성을 잃을 것이므로 해당 옵션 A는 사회적으로 바람직하지 않다고 볼 수 있다.

옵션 B는 '현재의 건강정보 교류를 위한 환경 개선에 중점'을 두는 것으로, 개선에 필요한 기본 요구 사항이 담긴 건강 정보 법안을 마련하거나, 국가 디지털 건강 환경을 조성, 건강 정보를 확장, 건강정보 교류를 위한 환경 개선에 중점을 두는 법안을 마련하는 것이라 할 수 있다. 다만, 환경 개선의 수준에 머무른다면 건강정보 교류를 통해 달성할 수 있는 사회적 편익을 기대하기에는 제한적이다.

마지막으로 옵션 C는 '고려할 수 있는 모든 효과를 검토하는 법안 제정'이며, 새로운 디지털 건강을 위한 법적 틀을 제공할 수 있다. 디지털 건강 기록의 개발 및 배포를 지원하는 프레임워크는 다음을 의미한다. 환자는 자신의 건강 정보에 접근하고 디지털 방식으로 전송할 수 있다. 그리고 건강 정보는 의료 시스템 전체에서 수집된다. 이를 통하여 환자에게 통합 치료를 촉진하게 되는데, 여기에는 일차 진료, 지역사회 진료 및 진단, 예정된 진료, 예정되지 않은 진료(응급실/근무시간 외) 등에 대한 정보가 모두 포함된다. 그리고 의료 서비스 제공자는 건강의 우선순위 범주에 접근할 수 있으며, 향상된 데이터 사용으로 시스템 전체의 대기 시간이 줄어들고, 더욱 신속한 진단과 치료 계획을 제공할 수 있다. 디지털 건강 기록에 포함된 데이터는 2차 기록의 범위에 속하므로, 엄격한 조건과 보호 장치의 적용을 받게 되지만, 환자 정보는 공익 목적으로 제공되므로, 공중 보건 분야, 정책 입안 및 규제 활동, 통계 등의 사회적 이익을 창출할 수 있는 영역에 활용할 수 있게 된다. 디지털화를 통해 불필요한 검사를 줄이고 지출 투명성을 보장할 수 있으며, 의료비 지출을 절감할 수 있다.

규제의 비용은 다음의 사항에서 발생하게 된다.
- 기존 의료 기록 시스템과의 광범위한 통합 및 다음을 통한 액세스 포털 솔루션
- 식별 솔루션 및 기타 인증 솔루션
- 건강 데이터에 관한 시민 권리 구현
- 이미지 데이터 교환
- 기관 간 교환 형식에 대한 구현 작업 범위
- 마이데이터에 대한 게이트웨이 설정

반면에 규제의 영향(편익)은 다음의 영역에서 발생한다.
- Jobs: 데이터 과학, 분석, 데이터 아키텍처, 임상 및 생물 통계학, 데이터 개인정보 보호
- 계층 간 평등: 장애, 영유아, 아동, 청소년, 고령자, 장애인 등 취약 계층에 대한 서비스 계획 및 제공을 위해 건강 정보에 대한 접근성 및 활용성 제공
- 빈곤퇴치: 향상된 데이터 연결 및 분석을 통해 더욱 표적화된 의료서비스를 지원
- 경쟁력 및 산업: 전자 건강 기록(EHR) 시스템에 대한 단일 시장을 구현하고 중소기업은 EHR의 상호 운용성 및 보안에 대한 필수 요구 사항을 준수해야 함. 이는 다음과 같은 주장을 하는 모든 의료 기기 또

는 웰니스 애플리케이션에도 적용
　- EHR 시스템과의 상호 운용성
　- 농촌 지역사회 의료 접근성
　- 통합 진료와 진료의 연속성

　이 정책을 통하여 기대할 수 있는 효과는 다음과 같다. 환자에 대한 포괄적이고 일관되며 시의적절한 정보에 대한 접근이 향상되고, 더 효과적이고 안전하며 더 잘 조율된 진료를 환자에게 제공해 줄 수 있다. 또한 환자와 가족의 건강 정보에 대한 접근을 통해 역량을 강화하고, 환자와 서비스 제공자 간의 상호 작용 및 환자 경험을 개선할 수 있다. 환자들이 최신 치료법, 의약품 및 의료서비스에 접근할 수 있도록 장려할 수 있으며, 맞춤형 개입의 더 나은 목표 설정 및 불필요한 치료를 방지할 수 있다. 현재의 치료법과 새롭고 혁신적인 치료법 및 관행을 평가하고, 인구 기반 연구를 활성화하고 환자를 위한 활용이 가능하게 된다.

　공중 보건 모니터링 및 공중 보건 비상 상황에 대한 대응을 개선할 수 있으며, 그리고 환자 진료 제공을 통한 의료분야의 생산성을 향상시킬 수 있다. 더 많은 가정 및 지역사회 기반 의료로의 전환을 지원하고 가정, 지역사회, 급성 치료 간 통합 환자 치료를 지원하는 데 기여할 수 있을 것이다.

제5장

정책과제

제5장   정책과제

　규제영향평가(RIA)는 정보에 근거한 정책 결정을 실시하기 위한 정책적 도구이며, 비용·효과·리스크의 관점에서 다양한 정책 대안의 선택이 미치는 영향을 평가하는 것이다. 많은 국가에서 유사한 규제영향분석에 근거하여 규제 대안의 평가가 이루어지고 있으며, 대규모 조직에서는 투자를 결정할 때에도 동일한 방법으로 사전 평가를 실시하고 있다.
　규제영향평가(RIA)를 실시하면 법안의 모든 영향을 확실히 검토할 수 있다. 그리고 다양한 정책 대안 중에 최적의 대안이 무엇인지를 확인할 수 있다. 또한 규제 또는 정책적 대안의 선택 결과에 대한 기대효과를 평가하기가 수월해진다. 제안된 효과 및 비용이 타당한지에 대한 판단을 할 수 있으므로, 특정 사업 분야에 치우친 영향은 없는지를 판단할 수 있게 하는 장점을 지니고 있다.
　규제의 사전 평가를 수행하는 목적은 규제로 인해 발생하는 효과와 부담을 예측함으로써 규제의 신설 또는 폐지, 완화 여부와 규제의 구체적인 내용·강도를 검토해야 국민과 이해당사자에게 규제의 필요성과 발생할 수 있는 영향에 대한 정보를 제공하고 책임을 지는 데 있다고 할 수 있다(고숙자 외, 2024).
　복잡한 대안들을 검토할 경우에 공평성과 공정성의 문제는 다양한 상황에서 발생한다. 고령자의 지원 대책 등 필수적인 법안도 있고, 저소득층의 수입 감소로 이어지는 법안과 같이 소극적인 것도 있다. 따라서 특정 집단에 편향된 영향을 미치는 법안의 경우는 특히 규제영향평가를 통하여 검증할 필요가 있다.

법안에 담긴 비용과 효과의 평가는 규제영향평가의 핵심으로 자리매김하는 분석이다. 이것은 규제나 그 밖의 조치에 대한 효과가 기업이나 경제·사회에 대한 비용을 정당화할 수 있는지를 검토하는 것이다. 효과의 평가는 RIA에서 중요한 요소 중 하나이지만 관심이나 실제 분석이 희박한 분야인 것도 확실하다.

그럼에도 불구하고 비용과 효과에 관한 정확한 분석은 정부가 지속적인 발전을 실현하기 위해서도 필수 불가결하다. 이 분석에서는 정책이 경제·환경·사회에 미치는 영향에 대해 평가를 실시한다. 법안은 많은 경우 경제·환경·사회에 직접적인 영향을 미치고 있으며, 효과적이거나 비용이 많이 소요되기도 한다.

편익과 비용이 금전 가치화되는 것은 매우 어려운 과정이기 때문에 현재까지도 규제영향분석에서 많이 적용되고 있지 못한 영역이기도 하다. 따라서 규제영향분석이 보다 체계적이고 신뢰성 높은 근거를 마련하기 위해서는 다음과 같은 정책적 과제가 개선될 필요가 있다.

1. 규제 비용 및 규제 편익 산출을 위한 데이터베이스 구축

규제영향분석의 품질을 담보할 수 있는 비용분석 근거자료가 필요한데 일선 담당자들은 규제영향분석에서 비용 산출 시 자료 확보를 위해 상당한 시간과 노력을 할애하고 있는 실정이다(김원용, 김주성, 2018).

기존의 규제영향분석서를 참고하기 위해서는 DB화가 필요하지만 이러한 기능이 구축되어 있지 않아 관련 자료를 검색하는 데에 많은 시간이 소요된다. 특히, 입법예고 시 규제영향분석서가 첨부되나 비용분석을 위한 데이터가 별도로 관리되지 않고 있어, 다른 규제 분석 시 거의 활용되지 못하고 있는 상황이다(김원용, 김주성, 2018).

규제영향분석의 품질을 결정하는 충분하고 신뢰할 만한 데이터를 확보하여 DB화하는 것이 업무 담당자가 쉽게 접근하여 활용하고 수준 높은 규제영향분석서를 작성할 수 있는 필수요건이라고 할 수 있다(김원용, 김주성, 2018).

현재 제공되고 있는 규제영향분석의 획일적인 방식이 모든 부처의 다양한 규제의 타당성을 판단하는 기준으로 활용되기에는 한계가 있다. 이에 규제의 타당성을 보다 정확하고 효율적으로 판단하여 규제 분석의 내실화를 기하기 위해서는 규제의 성격과 유형에 따라 보다 체계적이고 논리적인 규제영향분석 방식을 활용해야 한다(최유성, 함종석, 2003).

2. 비용편익분석의 정교화

분석을 정교화하기 위해서는 양적·질적 비용과 편익을 검토해야 한다. 미국은 비용편익분석에서 양적·질적(양적 분석이 불가능할 경우) 비용과 편익을 검토하도록 명시하고 이를 세부적으로 규정하고 있다(전예진, 2014). 예를 들어, 화폐화(monetization)가 불가능할 경우에는 모든 사용 가능한 양적인 정보를 제공해야 하며, 수량화도 불가능할 경우 사용 가능한 질적인 정보, 수량화될 수 없는 효과에 대한 상세한 질적인 설명, 제공된 질적 정보의 강점과 한계에 대해 설명해야 한다(전예진, 2014). 또한 수량화되지 않은 비용 또는 편익이 정책 선택에 영향을 미칠 경우, 해당 비용 또는 편익의 성격(nature), 가능성(likelihood), 시기(timing), 장소(location), 배분(distribution) 등에 관련된 정보를 제공하여 정책 선택의 기준(rational)을 분명히 설명해야 한다(전예진, 2014). 우리나라의 규제영향분석 지침은 규제의 비용과 편익 측정을 위한 지표를 선정하고 지표 값을 계산할 방법을 결정하며, 측정치가 공통의 화폐단위로 환원될 수 있는지 검토하고 이를 화폐단위로 환산할 것을 규정하고 있다(전예진, 2014). 그러나 모든 비용과 편익이 화폐화될 수 있는 것은 아니므로, 화폐화가 불가능할 경우 규제 영향의 양적·질적 측면을 함께 검토하여 규제에 대해 보다 많은 정보가 제공될 수 있도록 지침을 보완할 필요가 있다(전예진, 2014).

3. 미래 세대와 현역 세대의 비용과 편익 산출

미국은 규제영향분석서에서 현재뿐 아니라 미래의 편익과 비용도 검토하도록 명시하고 있으며, 세대별로 다르게 영향을 미칠 수 있는 비용과 편익(intergenerational benefits or costs)도 고려하도록 규정하고 있다(전예진, 2014).

영국 또한 영향분석을 할 때 정책 대안이 다음 세대에게 미칠 영향에 대해 고려하도록 하고 있으며, 세대 간 정의(intergenerational justice)의 문제가 모든 정책의 기반이 되는 중요한 원리가 되어야 한다고 제시하고 있다(전예진, 2014).

우리나라는 규제영향분석 지침에서 비용 또는 편익이 다년간에 걸쳐 발생하거나 서로 다른 시점에 발생할 경우 할인율을 사용하라고만 규정하고 있으며, 미래에 발생할 규제의 비용과 편익을 측정하는 부분에 대해서는 명시하고 있지 않다(전예진, 2014). 규제가 세대별로 다른 영향력을 미칠 가능성에 대한 분석 또한 규정되어 있지 않다. 따라서 비용편익분석의 정교화를 위해 현재 및 미래의 비용과 편익, 규제가 세대별로 미치는 영향 등을 함께 고려하는 것도 검토할 필요가 있다(전예진, 2014).

4. 규제의 분배 효과 검토

미국은 규제영향분석 시 규제의 비용과 편익이 정부가 관심을 가지고 있는 개별 집단에 어떻게 분배되는지를 검토하는 분배 효과(distributional effect)와 이전지출(transfer payment)에 대한 분석을 시행하도록 규정하여 정책결정자들이 정책 대안을 선택할 때 이러한 사안을 고려하도록 하고 있다(전예진, 2014). 만약 이러한 분배 효과들이 중요하다고 간주될 경우, 해당 효과들은 가능한 한 최대한 수량화되어야 한다(전예진, 2014).

향후 우리나라의 비용편익분석에서 규제가 세대별로 미치는 영향과 함께 규제가 계층별로 다르게 미치는 영향에 대한 검토가 포함된다면 보다 정교한 분석 결과를 제공할 수 있을 것이다(전예진, 2014).

5. 교육훈련 등을 통한 전문성 제고

OECD는 규제영향분석을 위한 교육훈련이 규제의 질적 수준을 개선하고 규제가 사회경제적으로 미치는 영향을 다양한 관점에서 이해할 수 있는 중요한 요소라고 강조하고 있다. 규제영향분석을 위한 분석서 작성의 기술을 습득하는 것이 아니라 공무원이 정책을 만드는 데 요구되는 문화(policy-making culture)를 형성하기 위해서도 꼭 필요한 요소라고 판단했다. 규제영향분석이 강제적인 교육훈련이 아니라 편향되지 않은 정책을 만들기 위한 필수적인 요소가 되도록 공무원들의 생각과 문화를 바꿀 수 있다는 것이다(OECD, 2007).

6. 규제의 수명주기 평가 구조를 확립

규제의 사전평가는 첫째, 규제 수립 프로세스를 효율화하여 사전평가의 결과를 논의에 사용함으로써 각 안의 이해관계 정보를 일원화하고, 보다 합리적이고 투명한 정책 형성에 기여한다. 즉, 사회과학적 분석을 정책 형성 과정에 통합하는 것에 기여하고 있다(고숙자 외, 2024).

둘째, 상정되는 다양한 대안에 대해서 규제가 사회에 부과하는 비용과 편익을 비교 검토하여 사회에 가치 있는 대안을 선택함으로써 규제의 질을 높이는 데 있다.

셋째, 규제의 필요성, 규제가 사회에 부과하는 비용 및 효과 등의 잠재적인 영향을 명확하게 제시함으로써 규제의 타당성을 설명한다.

이와 같은 역할을 수행하게 되는 규제의 사전평가는 현재 바람직한 규제 수립의 구조를 확립하고 있다고 보기는 어렵다. 규제영향분석서에 기재되어 있는 정보량은 많고 적음의 차이도 있지만, 세 번째로 제시한 규제 타당성을 설명하는 형식적 수준에 머물러 있다.

현실적 여건에서 사전 규제영향분석이 정량화되기 어렵다고 한다면, 사후 규제영향분석을 통하여 주기적으로 규제를 심층분석하고 정량적 기준에 의거하여 규제 개선을 위한 규제의 수명주기 구조를 마련할 필요가 있다(고숙자 외, 2024).

사후 검증은 사전 평가서를 기반으로 수행된다. 즉, 사후 검증은 규제의 핵심이 되는 주요 영향 지표의 검토부터 시작하게 된다. 따라서 사전평가를 할 때 해당 시점에서 최선의 영향 추정, 즉 비용, 효과, 부차적 및 파급 효과에 대해 가능한 한 정량적으로 기재되어 있어야 하며, 그렇게 수행된다면 객관적인 근거를 바탕으로 한 규제의 재검토에 도움이 될 것이다(고숙자 외, 2024).

참고문헌

강승식, 조재현, 이재희. (2023). 입법과정에서 입법영향분석이 갖는 법적 위상과 과제에 관한 연구. 국회입법조사처, 한국공법학회.

고숙자, 오다은, 장익현, 박소은, 이영숙. (2024). 2024년 보건복지분야 규제 비용편익분석 연구. 보건복지부, 한국보건사회연구원.

고용노동부. (2023). 고용형태별근로실태조사[데이터 세트].

고효진, 이수아. (2017). 식품안전분야 규제비용분석 방법 개발 연구-식품위생법 등록규제 비용 데이터베이스 개발을 중심으로. 식품의약품안전처, 식품안전정보원.

공공의료에 관한 법률. 법률 제18897호 (2023).

국무조정실, 규제개혁위원회. (2019). 2019 규제개혁백서. 국무조정실, 규제개혁위원회.

국무조정실, 규제개혁위원회. (2020). 2020 규제개혁백서. 국무조정실, 규제개혁위원회.

국무조정실, 규제개혁위원회. (2023). 2023 규제개혁백서. 국무조정실, 규제개혁위원회.

국무조정실. (2017). 규제영향분석서 작성 지침. 국무조정실, 한국행정연구원, 한국개발연구원.

국무조정실. (2022). 2022년 규제영향분석서 작성지침. 국무조정실.

국무조정실. (2023). 규제영향분석서 작성지침. 국무조정실.

국민건강보험공단, 건강보험심사평가원. (2024). 건강보험통계[데이터 세트].

국민참여입법센터. https://opinion.lawmaking.go.kr/gcom/gcomMain

규제개혁위원회. (2016). 2016 규제개혁백서. 규제개혁위원회.

규제개혁위원회. (2017). 2017 규제개혁백서. 규제개혁위원회.

규제개혁위원회. (2018). 2018 규제개혁백서. 규제개혁위원회.

김수용. (2009). 입법평가지침에 관한 연구. 한국법제연구원.

김원용, 김주성. (2018). 식품안전 규제영향분석을 위한 규제비용 유형별 DB 구축. 식품안전정보원.

대한뇌졸중학회. (2024). 뇌졸중이야기(일반인) - 뇌졸중 자세히 알아보기. https://www.stroke.or.kr/stroke/#a1

보건복지부. (2023.12.14.). 2024년 보건복지 규제혁신 과제 발굴, 지방자치단체와 머리 맞댄다[보도참고자료].
https://www.mohw.go.kr/board.es?mid=a10503010100&bid=0027&act=view&list_no=1479301&tag=&nPage=2

보건복지부. (2024.3.27.). 지역완결적 필수의료체계 핵심인 책임의료기관 14개소 추가 지정 [보도자료].
https://www.mohw.go.kr/board.es?mid=a10503000000&bid=0027&list_no=1480808&act=view

서성아, 임인선, 우소현, 강문선, 조쌍은, 배정윤, 김진영, 김리아, 이민호. (2020). 사례분석을 통한 규제비용편익분석의 실무적 쟁점과 정책적 함의. 한국정책학회보, 29(2), 59-90.

안혁근. (2014). 규제영향분석제도의 실효성 제고 방안. 국무조정실, 한국행정연구원.

여차민. (2010). 정부 규제영향분석 실태 및 제도 개선과제. 사업평가현안분석, 27. 국회예산정책처.

원소연. (2016). 규제비용관리제의 효과성 제고 방안. 한국행정연구원.

이민창. (2019). 미국 규제관리체계의 제도적 함의. 한국행정연구, 28(2), 1-30.

이민호, 홍승헌, 김성부, 서성아, 우소현, 강문선, 조쌍은, 배정윤, 김진영, 한혜진, 김정욱, 이상무, 고경희, 조한결. (2021). 규제비용관리제 개선방안. 경제인문사회연구원, 한국행정연구원, 한국개발연구원.

이제희. (2017). 영국의 규제개혁정책에 대한 연구. 입법과 정책, 9(3), 269-292.

이종한, 김신, 서성아, 배정윤, 임현철, 박종, 변정아. (2022). 보건복지 규제개선 성과분석 및 발전방안 수립. 한국행정연구원, 보건복지부.

이호승, 정민예. (2021). 뇌졸중 환자의 재활의료 이용현황과 재활서비스 개선방안. 대한작업치료학회지, 29(2), 1-14.

임희선. (2024). 규제 동향 특집 - 영국, 호주, 미국의 규제영향분석 개선 사례: 영국. 2024 규제동향, 47. 한국행정연구원.

장민선. (2012). 입법평가 적용사례 연구 – 영국의 영향평가 제도를 중심으로. 한국법제연구원.

일본 후생노동성. (2022). 재생의료 등의 안전성 확보 등에 관한 법률(再生医療 等の安全性の確保等に関する法律). 令和6年6月14日 施行(2022).

전예진. (2014). 한국 규제영향분석 발전방안 연구 - 미국의 사례를 중심으로. 국무조정실.

조강희, 김미정, 이상헌, 신형익, 신용일, 김철준, 이구영, 이진경, 육지현. (2012). 만성기 재활치료 표준화 및 활성화 방안에 관한 연구. 대한의사협회 의료정책연구소.

초성운, 정광재, 황유선, 오기석, 박희영. (2015). 규제비용총량제 도입을 위한 비용분석 방안 연구. 방송통신위원회, 정보통신정책연구원.

최무현. (2017). 규제비용관리제 종합평가. 한국행정학회, 국무조정실.

최유성, 함종석. (2003). 선진국 규제영향분석제도 비교 연구. 한국행정연구원.

한국보건의료정보원. (2024). 진료정보교류시스템.

https://www.k-his.or.kr/menu.es?mid=a10207000000

행정규제기본법 시행령. 대통령령 제35063호 (2024).

행정규제기본법. 법률 제19213호 (2024).

Better Regulation Executive. (2016). Business impact target : first annual report 2015-2016. Better Regulation Executive.

Canadian Institute for Health Information. (2012). All-cause readmission to acute care and return to the emergency department. Ottawa: Canadian Institute for Health Information.

Department Business & Trade. (2023). Better Regulation Framework Guidance. Department Business & Trade.

GOV.UK. (2013). Guide to making legislation.

https://www.gov.uk/government/publications/guide-to-making-legislation

Kearsley, A. (2024). HHS Standard Values for Regulatory Analysis, 2024.

Kim, M., Kim, H., & Hwang, S. H. (2015). Developing a hospital-wide all-cause risk-standardized readmission measure using administrative claims data in Korea: methodological explorations and implications. Health Policy and Management, 25(3), 197-206.

legislation.go.uk. (2006). Legislative and Regulatory Reform Act 2006. https://www.legislation.gov.uk/ukpga/2006/51/contents

legislation.go.uk. (2015). The Standardised Packaging of Tobacco Products Regulations 2015. https://www.legislation.gov.uk/ukdsi/2015/9780111129876/impacts

McGowan, F., & Wallace, H. (1996). Towards a European regulatory state. Journal of European Public Policy, 3(4), 560-576.

National Audit Office. (2016). The business impact target : cutting the cost of regulation. National Audit Office.

National Audit Office. 2009. Delivering high quality impact assessments. National Audit Office.

OECD. (1995). Recommendation of the Council on Improving the Quality of Government Regulation. https://legalinstruments.oecd.org/en/instruments/OECD-LEGAL-0278

OECD. (2007). OECD Reviews of Regulatory Reform: Korea - Progress in Implementing Regulatory Reform. OECD.

OECD. (2010). Better Regulation in Europe: United Kingdom 2010.

OECD.

OECD. (2015). RECOMMENDATION OF THE COUNCIL OF THE OECD ON IMPROVING THE QUALITY OF GOVERNMENT REGULATION. OCDE/GD(95)95

OMB. (2003). Circular A-4, Regulatory Analysis.

https://obamawhitehouse.archives.gov/omb/circulars_a004_a-4

OMB. (2023). Circular No. A-4. TO THE HEADS OF EXECUTIVE AGENCIES AND ESTABLISHMENTS.

https://bidenwhitehouse.archives.gov/wp-content/uploads/2023/11/CircularA-4.pdf

Regulatory Policy Committee. (2021). One-In, Some-Out: should government set itself a target or control framework to reduce regulatory impacts?.

https://rpc.blog.gov.uk/2021/09/24/one-in-some-out-should-government-set-itself-a-target-or-control-framework-to-reduce-regulatory-impacts/

UK Parliament. (2024). Statutory instruments procedure in the House of Commons.

https://www.parliament.uk/about/how/laws/secondary-legislation/statutory-instruments-commons/

van der Does, A. M., Kneepkens, E. L., Uitvlugt, E. B., Jansen, S. L., Schilder, L., Tokmaji, G., ... & Karapinar-Çarkit, F. (2020). Preventability of unplanned readmissions within 30 days of discharge. A cross-sectional, single-center study. PLoS one, 15(4), e0229940.

일본 법무성. (2018). 規制の事前評価書.

https://www.moj.go.jp/content/001272937.pdf

일본 총무성. (2022). 規制の政策評価について.

https://www.digital.go.jp/assets/contents/node/basic_page/field_ref_resources/aebf71f0-3a5a-48c7-80e2-b719b9a2a9ec/20220228_meeting_administrative_research_working_group_outline_03.pdf

일본 후생노동성. (2024a). 令和5年度規制影響分析書RIA).
https://www.mhlw.go.jp/wp/seisaku/ria/2023/index.html

일본 후생노동성. (2024b). 規制の事前評価書. 2024.9.3. 검색,
https://www.mhlw.go.jp/wp/seisaku/ria/2023/dl/ria2024_3_1.pdf

Abstract

Regulatory impact assessment and policy tasks in health and welfare policy

Project Head: Ko, Sukja

Regulations complement market principles and have a significant impact on the economy, society, and the environment. Therefore, poorly designed regulations can increase socioeconomic costs and reduce public welfare, making it necessary to establish a performance management system to improve regulations and facilitate the delivery of new services.

In this study, we reviewed the regulatory impact analysis (RIA) guidelines of major countries and their application in the health and social security sectors, and examined the current status of RIA in Korea's health and welfare policies. We conducted a quantitative RIA focusing on the discharged patient support programme, and presented a qualitative RIA on health information exchange as a pilot case. Finally, we identified policy tasks related to RIA to enhance the effectiveness of health and welfare policies and devise improvement measures.

Cost-benefit analysis is essential for the government to achieve sustainable development. However, it has not been

---

Co-Researchers: Ahn, Young

widely applied in RIA to date due to the challenges of assigning monetary value to benefits and costs.

To conduct a quantitative RIA based on objective evidence, basic data are needed for cost and effect analysis. Frontline staff invest a significant amount of time and effort in securing relevant data. When monetary valuation is difficult, it is necessary to supplement existing guidelines by presenting regulatory impacts from both quantitative and qualitative perspectives and including more informational components.

In order to further refine cost-benefit analysis within RIA, it is necessary to comprehensively consider current and future costs and benefits, as well as the impact of regulations on generations.

Current RIA is mainly conducted through ex-ante analysis. However, when data limitations hinder ex-ante quantification, it is necessary to conduct periodic ex-post RIAs and establish a regulatory life cycle framework for regulatory improvement based on the quantitative criteria resulting from this analysis.

Key words: Regulatory impact analysis, Regulatory cost, Regulatory benefit, Regulatory impact assessment